学霸驾到 2

决胜未来的学习力

少年商学院 / 著

浙江教育出版社·杭州

第①章

哈佛独立思考课 /001

独立思考要从学会提问开始 / 004

怎样成为一个有想法、有主见的人？ / 013

如何让自己的思考逻辑更加清晰？ / 021

如何在小组讨论中进行多角度思考？ / 031

如何具备通往欧美名校必备的思考方式？ / 041

如何"跳出盒子"，用创新思维解决复杂问题？ / 045

第②章

成长型思维训练课 / 053

"性格决定命运"的真相 / 054

"三岁看大，七岁看老"，真是这样吗? / 059

为什么乔丹不是天才? / 066

只有缺乏天赋的人才需要努力吗? / 071

孩子养成固定型思维的过程 / 075

培养成长型思维的方法 / 079

目录

第③章

藤校逻辑思考课 / 087

原因不一定是这样的 / 088

之前都这样，不代表每次都这样 / 098

没看到的不一定不存在 / 104

合理的不一定就是正确的 / 111

不能忽略其他选项 / 119

意思不同，推理有差 / 125

切勿对人不对事 / 133

目录

不是所有相似的东西都能放在一起比 / 140

一件事发生，不一定会导致一系列事情发生 / 148

不要转移焦点 / 157

课程总结 / 165

第①章

哈佛独立思考课

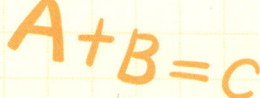

独立思考能力是未来重要的竞争力之一，十分有必要和各位同学讲一讲，所以我设置了这门非常重要的思维类课程——哈佛独立思考课。

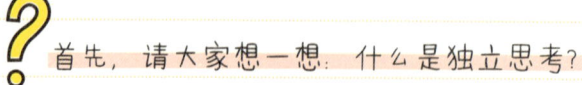 
首先，请大家想一想：什么是独立思考？

同学们不要误会，"独立"并不是闭门造车，而是打开思路，学会提问，具备质疑精神，通过搜索信息、提炼信息，形成自己的观点，并且具有创新精神。世界顶尖高校哈佛大学，无比推崇独立思考的精神。要知道，在哈佛大学，如果你未经思考就向他人请教，对方可能不会告诉你现成的答案。记住，你才是问题的解决者，就算别人给了你意见，也只不过是为你提供了一种参考。

所以，我的教学目标是向同学们传授独立思考的秘诀，使同学们从小养成独立思考的习惯。未来无论你是在国内读书，还是出国留学，这都将会是你的核心竞争力之一。

本章共分为六讲，下面开启第一讲：独立思考要从学会提问开始。

独立思考
要从学会提问开始

学会提问是走向独立思考的第一步。我们就以同学们最熟悉的学校为背景展开，分析一下：如何向老师提出一个好问题？

如何向老师提出一个好问题？

我在少年商学院教过很多小学生，也偶尔给企业做培训，给成年人上课。在上课过程中，我常常和同学们互动，也发现了同学们在提问时存在的问题。

首先，我非常鼓励同学们提问，提问代表你对某事有思考，有好奇心。但是有一些同学提出的问题，确实让老师无从回答。

以下是同学们提问时常见的三类问题：

第一类问题：问题范围广，内容模糊

举个例子，经常有同学在网上问我："老师，您可以给我推荐几本书吗？"同学们换位思考一下，如果你是我，你会怎样回答呢？

其实这个问题很难回答，对不对？很明显，这个问题缺少了核心信息，比如：提问者的年龄，读几年级，阅读能力如何，对哪些方面的书籍感兴趣等。我对这些情况一无所知，该怎么给出建议呢？

因此，同样的问题，老师希望你换一种方式来问。例如："老师，您好！我现在读小学四年级，对语文一直不感兴趣，特别是作文总是拖后腿，我一看到作文题就大脑一片空白，不知道怎么去写。请问，您能推荐几本可以提高写作能力的书吗？"

这么一对比，你是不是受到启发了呢？

我再举个例子，让我们一起对比感受一下：

有一年暑假，我带学生去英国参加夏令营。在我晚上查房的时候，有同学忽然问我："老师，您说我怎样才能学好数学？"

同学们思考一下，该如何转化这次的提问呢？

同样的问题，换一种更具体的方式来表述，效果会更好。比如，你可以问我："老师，我现在就读于××学校的三年级。我非常不喜欢数学，虽然我努力去听课了，也想提高数学成绩，但我一直找不到学习数学的方法。如今新学期马上就要开始了，我该怎么办呢？"

这样一对比，你是不是有一种开窍的感觉了呢？

通过以上两个例子，可以总结出第一个小知识点：在提问时，不要以为对方知道你在想什么，不要忽略提供有用的信息，要尽可能多地描述问题的细节。在向别人提问题前，可以问问自己："这个问题足够具体吗？是否会让对方感觉模糊、宽泛、无从说起呢？"其实问题越具体，就越容易得到一个全面且有针对性的答案。

第二类问题：企图用提问的方式来偷懒

举个例子，比如："老师，最近学校有一场演讲比赛，您能帮我写一下演讲稿吗？谢谢！"

同学们，换位思考一下，如果你是老师，看到这类问题，你会怎么回答呢？

接下来，我们一起来分析一下：

问题一：信息不全，老师不知道你的身份、提问的背景、演讲的场合及重要程度。

问题二：这是你的比赛，老师并不能代替你参赛，不能帮你写演讲稿。

再比如，有同学对我说："老师，我在申请国外的私立中学，'个人文书'的部分我不会写，您能帮我写一下吗？"

以上两个问题，我们称之为"假提问"。通过这两个例子，可以总结出第二个小知识点：提问绝不是为了偷懒，而是为了培养自身的思考能力，通过对问题的分析，达到解决问题的目的。希望同学们多以提问的方式去探讨问题，在提问的过程中表现出好奇心和主动性，而不是应付和懒惰。

第三类问题：企图通过提问来获取标准答案

很多同学提问时，都将问题简化为选择题，这类问题比较典型。例如："老师，是不是读名校才能找到好工作？""老师，我要是考不上重点中学，是不是以后不好找工作？"

你有没有相似的经历呢？类似的问题还包括："老师，大学本科毕业后是工作还是考研比较好啊？""老师，我该不该出国读书呢？"

这一类问题，似乎都在寻求一个标准答案（是不是、能不能、该不该、可以不可以），目的其实是寻求一种权威的安慰感，然而很多问题并没有标准答案。例如，有的人名校毕业，却一事无成；有的人没读过大学，但在某个领域成了了不起的人物。你需要做的是主动观察，独立思考，不要在未来抱怨说："妈妈，都怪你，当年帮我选了这个专业，早知道就不听你的了。"

提问时要把老师当作导师，而不是当作"辅导书"。导师只能给予你思考的指导，而不能像辅导书那样给你标准答案。

回到刚才的问题："老师，我该不该出国读书呢？"这个问题不可能有标准答案。因为每个人出国留学的前提和背景情况是不同的，其中涉及年龄、家庭、经济条件、适应能力、学习能力等因素。那么，该如何提问呢？同学们思考一下。

其实可以这样表达："老师，当初您选择出国读书的时候，都考虑了哪些因素呢？最终您是如何下定决心出国读书的呢？留学期间遇到过哪些问题？您是如何解决的？"

其实就是将模糊的、笼统的问题拆分成不同的、具体的问题，这就是你要学习的地方。

上面总结的三类问题，都是我们在提问时应当注意的。希望同学们以后可以避免这些问题。

五步提问法

针对以上问题，我总结了"五步提问法"：

第一步，确定自己究竟要问什么，有哪些疑惑，可以将问题写在本子上。

第二步，自己去思考，比如通过上网、看书等手段，去尝试获得这些问题的答案。

第三步，问问自己："在寻求答案的过程中，我的疑问解决了吗？"

第四步，如果还有疑问，寻找老师，向老师提出问题。

第五步，反思有哪些收获。

"五步提问法"可以帮助你慢慢养成独立思考的好习惯。同学们在以后的学习中遇到不会的问题时，可以先运用"五步提问法",不要急着去找老师提问。同学们可以先厘清自己的思路,把问题想全面后再去提问,思路清晰是学习和思考的重要要求。

总结

学会提问是走向独立思考的第一步。提出一个未经思考的问题,往往只能得到一个令人失望的答案。不要寄希望于别人把答案提供给你,只有你主动思考,积极研究,提出有深度的好问题,才能彻底搞清楚你的疑惑。学习最怕一知半解,敷衍了事。

最后,送给各位同学一句哈佛大学的名言:

只有你才是问题的解决者,别人只不过为你提供了一种参考。独立思考,会让你受益终生。

> 自主意识

怎样成为一个有想法、有主见的人？

学会提问是走向独立思考的第一步。上一讲我们分析了如何提出一个好问题，这一讲的主题是"如何成为一个会思考的人"。这一讲的内容适用于同学们的生活及课堂讨论等场景。

首先，同学们想一想，什么样的人是会思考的人？

为了便于理解，我们先从生活中不会思考的表现说起。

不会思考的表现可以分为三类，同学们看看自己是否"中枪"。

首先是"没想法"。这个比较好理解，因为没有思考，所以也就没有想法和立场。导致的结果就是在课堂讨论的时候，不管对不对，随便照搬别人的观点，或者跟随其他同学一起举手，一起鼓掌，不管自己是否真的认同这个观点。

其次是"怕出错"。你是不是也曾有过下面这些想法？

我的观点会不会被人嘲笑啊？算了，还是别说了。

别人都那样做，我也那样做吧！

其他同学都没有说，我还是别说了，免得被别人耻笑。

最后是"怕落伍"。你是不是也害怕遭到排挤或冷落?

哇,其他同学都喜欢玩这个游戏。

这款玩具其他同学都在玩,所以我也不能掉队,我不玩,就落伍了。

不会思考有时会限制人的主动性,最终你会人云亦云,直接复制别人的想法,或者在讨论中全盘接受其他人的想法,以示尊重,同时避免出错的可能。

长此以往,你就会变成一个不会思考的机器人。如果你在解决问题的过程中,无法唤醒你内心真实的想法,那么不仅你体会不到思考的乐趣,别人也会觉得你是一个没有想法的人,有点儿无趣。

 那么，怎样才能成为一个会思考的人呢？

这里有几个小方法，可以帮助同学们在日常生活中讨论一件事情时，有意识地训练自己形成独立的见解。

方法一：不要在乎自己的观点是否完美

比如，班级同学在讨论"你认为是智商重要，还是情商重要"的话题时，有的同学说"情商比较重要"，有没有可能出错呢？其实很有可能。因为智商高、知识广、能力强的人，往往能更好地立足社会。

有的同学说"智商比较重要"，有没有可能出错呢？有可能。因为情商高的人易于与人建立良好的人际关系，具有较高的领导能力。

如果这个时候,你说"情商和智商都很重要,二者缺一不可",这么说的话肯定不会出错,因为这句话完全没有提供任何观点。

很久之前我看过一场学生演讲的海选比赛,题目是"成功靠什么"。

有的学生说成功靠努力,有的学生说成功靠运气,有的学生说成功靠选择。大家说得都头头是道,评委听得频频点头。

还有一个学生说,成功要靠天时地利人和。这句话当然没错,因为运气、努力、选择都是"天时地利人和"的一部分。这名同学的观点看似很有见解,但最后这名同学因为话题太大,自己也不知道要说些什么,演讲时磕磕绊绊的,被淘汰了。

同学们在培养独立思考能力时,不妨有意识地训练自己有见解。我们需要在意的,不是立马就能分辨观点的对或错,而是通过思考得出自己的结论。

方法二：有"对事不对人"的心态

任何人听到他人否定自己，都会感到不愉快。但是，重要的是应该立刻告诉自己，这种否定的态度不是冲着自己的，而是针对自己的观点的。

不要觉得"有人反对我的观点，完蛋了，我一定丢人现眼了"。就算有人提出反驳，他反对的也是你的观点，而不是你这个人。这就是我们通常说的"对事不对人"。

面对反驳，你需要做的是冷静思考：为什么他会说这样的话？他的观点是什么？有没有道理？这样，你的情绪就会渐渐平静，从而理智地思考问题。讨论的目的不是吵架，而是吸收他人有营养的观点。

反过来，当你反驳别人的观点时，也不要将观点和发言者混为一谈。不要说："你这个笨蛋，竟然会产生这么愚蠢的想法。"这就属于带着情绪不客观地讨论，甚至进行人身攻击。长此以往，别人也就不愿意和你一起探讨问题了。

方法三：不要打断对方说话

当对方反驳我们的观点时，我们可能会忍不住想插嘴说："不对，你说错了。""不对，我想说的不是这个意思！"但是在这种境况下，要克制住这种冲动。尊重对方是一件十分重要的事，至少也要在倾听完对方所有的话后再进行辩驳，否则可能会武断地理解对方的意思，造成不必要的误会。

同学们，这一讲我们总结了很多人不思考、怕思考的原因，即没想法、怕出错、怕落伍等心理。

而想要克服这些心理障碍，其实最主要的就是做到以下几点：

1. 不要在乎自己的观点是否完美。有时候，我们会因为担心犯错而说出一些看起来无懈可击的观点，但这种观点本身恰恰没有任何营养。长此以往，我们反而会不知道要表达什么了。

2. 要有"对事不对人"的心态。正确对待别人的反馈，不要因为别人对你观点的批判而去钻牛角尖，而应主动思考为什么对方会这样说。

3. 不要打断对方说话。要学会尊重他人，学会倾听他人的观点，而不是着急反驳。

做到以上这几点，相信你就能够克服心理障碍，能够更加独立地思考和表达了。

如何让自己的思考逻辑更加清晰？

进阶探索

首先，请同学们做一道算术题：3×9+6-3+15=？

你们有答案了吗？其实每次我在班上和同学们做这个互动的时候，同学们会有两种不同的反应：第一类同学开始思考，第二类同学则露出惊慌失措的表情。

同学们，你们是哪种反应呢？

我们一起来拆解一下这两种不同的反应。

第一类同学在听完题目后，虽然不能立刻报出答案，但是会把问题分成多步来解，在心里默算：

```
      3
  ×   9
  ─────
     2 7
  +   6
  ─────
     3 3
  -   3
  ─────
     3 0
  + 1 5
  ─────
     4 5
```

"哎呀，我知道答案啦！是45。"其实这个过程就叫思考。

第二类同学在听完题目后，会恐慌，心里一直打鼓——怎么办？答案是多少？不断地重复题目和反复问自己，就这样，时间一点一点地流逝了。

这类同学其实并没有在思考，而是在焦虑。你不能期待突然有一个人在你耳边轻轻地对你说："答案是45。"

说到这里，不知道同学们有没有"中枪"的感觉。

我们再来做一个小练习：A、B、C三人坐在同一排。

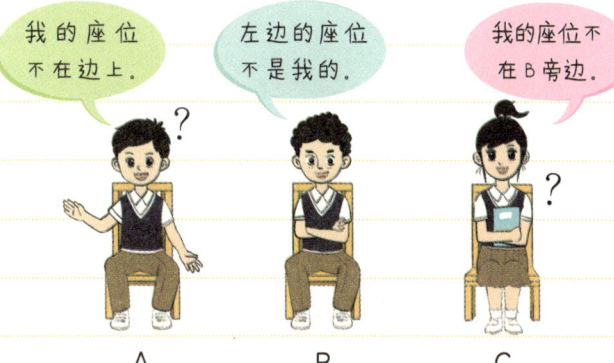

那么，A、B、C三人的座位顺序是什么样的呢？

如果你是第一类同学，思考方式会如下：

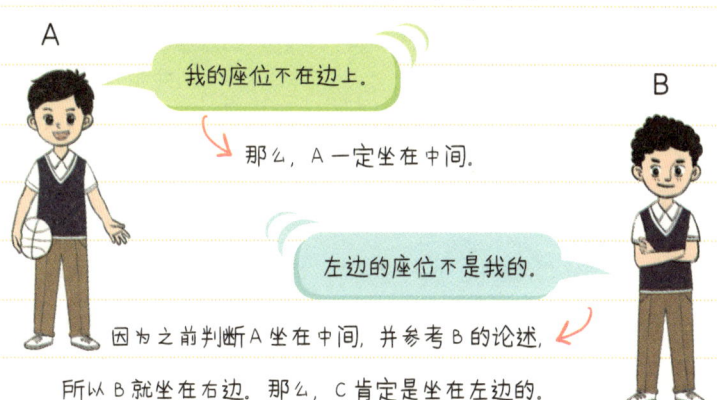

如果你是第二类同学，思考方式会如下：

听完题目后，感觉恐慌，心里一直打鼓：怎么办？怎么做？答案是什么呢？

这种情况也会出现在生活和学习的很多细节中。看完以上两个例子，你或许会得到如下结论：大概率是第二类同学大脑并没有在思考，而只是在对着问题发呆。

那么，如何让你的思路更清晰呢？

方法一：让语言领着大脑思考

就像前面做算术题时一样，当你在思考的时候，可以默念，一步一步地推进思考过程。

例如在学校，老师让你做一个即兴演讲，话题要围绕"为人要诚实"展开。这个时候，如果你的大脑不停地在想："完蛋了，我没思路，我不知道该说什么，我该怎么办？"那么，时间就这样过去了。

你不妨用三分钟写一个演讲的框架。

首先问问自己:有哪些故事具有"为人要诚实"的启迪意义呢?有《狼来了》《滥竽充数》《皇帝的新装》等。假如你用《皇帝的新装》来表现"为人要诚实"的主题,你可以这样演讲:

各位同学,大家好!说到"为人要诚实",我想起了一个童话故事:《皇帝的新装》。大家都听过这个故事吗?

这个故事讲的是有个国王喜欢穿漂亮的衣服,有两个裁缝告诉国王,他们能够织出全天下最漂亮且独一无二的布料。更重要的是,这种布料只有聪明人才看得到。国王很开心,连忙叫这两个裁缝去织布、做衣服。国王曾派大臣和侍卫前去查看，虽然他们什么也看不见，但怕被说成是笨蛋，都向国王报告看到了最漂亮的布料……

有一天，国王穿上了这件衣服游行。突然有一个小孩儿说："国王身上什么都没穿嘛！"这件事让国王成了全国人民的笑柄。

我们从这个故事中可以明白一个道理：为人要诚实。大臣、侍卫不够诚实，明明没有看见衣服，却骗国王说他们看见了。

此刻在看这本书的你，不妨也静下心来问问自己：有哪些故事传达了"为人要诚实"的道理呢？然后试着一步一步地拆解你的任务，完成一篇演讲稿。

同样的道理也适用于考试的场景。有些同学在距离考试结束还有五分钟的时候，如果考题还没有答完便会心慌，导致在最后这五分钟里一个字都没写，或者乱写一通，图个心理安慰，试图让阅卷老师给一分。这个时候不妨让自己冷静下来，用话语引导自己进入思考模式。哪怕最后没有写完，起码也向阅卷老师展示出了你的思考，而不是"一个字都没写"的焦虑，或者"掩耳盗铃"的侥幸心理。

方法二：自问自答"为什么"

每次做选择的时候，先问自己"为什么要选择它"。

比如：

为什么要穿球鞋？
A. 因为今天有体育课，要跑步。
B. 因为另外一双鞋洗了。
C. 因为这双球鞋很好看，穿起来心情好。

为什么要吃冰激凌？
A. 因为今天天气很热。
B. 因为同学给了我一张优惠券。

你的答案可能没有很强的说服力，但这样做可以慢慢地培养你的逻辑思维能力。

方法三：在自问自答"为什么"的基础上，进行比较思考

问自己"为什么选 A 而不是 B"，认真思考原因。

比如：

问：为什么不选 A 铅笔盒，而要选 B 铅笔盒？

答：虽然自己比较喜欢 A 铅笔盒，但是前几天使用 B 铅笔盒，同学们都觉得这个新铅笔盒很漂亮。

问：为什么不选 B 套餐，而选 A 套餐？

答：B 套餐虽然比较便宜，但是没有薯条和饮料。A 套餐虽然贵，但有薯条和饮料。

比较思考的目的是通过对比，让你的思考更加深入。

例如，为什么买黑色的 T 恤衫？

如果只思考为什么选黑色，大概就只会想出关于选择

黑色 T 恤衫的理由。

但是，如果你加入一个对比因素，思考"为什么不选白色 T 恤衫，而选黑色 T 恤衫呢"，就可以深入思考选择黑色的原因：白色很容易变黄；黑色显瘦，穿起来很酷。所以，比较能加深人们的思考。

再告诉同学们一个进阶的对比思考方法。在把两个元素进行对比之后，可以再复杂一些，加入第三个元素。

例如：为什么要按"数学—语文—英语"的顺序写作业呢？

因为数学作业最少，可以马上做完。

如何让我们的头脑思路更清晰？这一讲主要介绍了三个方法：

方法一：让语言领着大脑去思考。我们举例说明了如何通过一个小故事来组织一份属于自己的演讲稿。这个例子告诉你可以通过文字语言来梳理自己想要表达的内容，从而把一件看起来很复杂的事情变得简单。

方法二：自问自答"为什么"。只要在做事情的时候多问问自己为什么，其实就能抽丝剥茧，逐渐找出做这件事情的最本质原因，从而理顺其中的逻辑，提升自己的逻辑思维能力。

方法三：在问自己"为什么"的基础上，进行比较思考。这是更进一步的思考方法，能让我们跳出旧有的思维模式去思考事物。

有了上面三个方法，相信你也能在接下来的生活、学习里，更加清晰、更有条理地思考。

深入思考

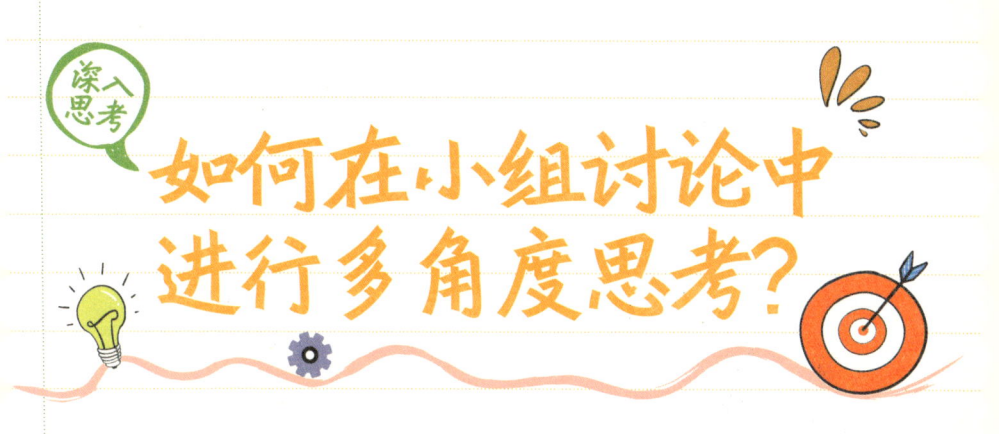

如何在小组讨论中进行多角度思考？

能够对问题进行深入思考，是重要的能力之一。

如果你能够深入思考、善于发现问题，能够通过分析找到答案，那么你的视野会比别人宽广很多，思维也会更加缜密。

该如何深入思考呢？教你三个方法。

方法一：换位思考

讲个故事：一头猪、一只绵羊和一头奶牛，被牧人关在同一个牧场里。有一天，牧人将猪从牧场里捉了出去，只听猪大声嚎叫着强烈地反抗。绵羊和奶牛不屑一顾道："我们经常被牧人捉去，都没像你这样大呼小叫的。"猪听了回应道:"捉你们和捉我完全是两回事,他捉你们,只是为了挤奶和剃毛,但是捉住我,却是要我的命啊!"

我们经常被牧人捉去,都没像你这样大呼小叫的。

捉你们和捉我完全是两回事,他捉你们,只是为了挤奶和剃毛,但是捉住我,却是要我的命啊!

听完这个故事,你有什么感想呢?

因为立场不同、角度不同,所以绵羊和奶牛很难体会到猪的痛苦与绝望。只有换位思考,才能体会到别人真正的感受。

同学们以后在讨论问题的过程中,当组员有不同意见的时候，不要急于否定。不妨换位思考一下，站在对方的立场上，思考他是怎么想的，从而更好地沟通，这也是情商高的表现。

此外，在换位思考的基础上，还要尝试进行多角度思考。

例如在课堂上，老师让学生讨论好学校是什么样的。同学们有的回答"有标准的足球场"，还有的回答"食堂的伙食好"。

有标准的足球场！

食堂的伙食好！

我们可以从不同的角度进行思考。例如从父母的角度看，好学校是什么样的呢？

有的同学回答："我想从母亲的角度来思考，妈妈觉得好学校应该是能培养我对知识的渴望的，让我学习越来越好的。"

> 我想从母亲的角度来思考，妈妈觉得好学校应该是能培养我对知识的渴望的，让我学习越来越好的。

再换一个角度，从校长的角度看，好学校是什么样的呢？你不妨也来思考一下。

我们来总结一下第一个方法。首先，同学们要学会换位思考，其次，同学们要尝试多角度思考。通过这样的思考，你就能更客观、更全面地分析问题，让思考更加深入。

方法二：转化问题

假如你想在墙上钉一颗钉子，挂一幅画，你会想到你需要一个锤子，于是你问妈妈："妈妈，锤子在哪儿呢？你还记得吗？"如果妈妈回答说："哦，锤子上周被隔壁的叔叔借走了。"你是不是会想:"好吧,那就明天再挂画吧。"

结果为什么会是这样的呢?因为你大脑中的问题一直都是"锤子在哪儿",所以对工具箱里的其他工具——扳手、改锥、铲子、钳子等——通通视而不见。

但如果你转化问题,想想能敲钉子的东西都有什么,这个时候,工具箱里的扳手、改锥、铲子、钳子等都会进入到你的眼里。

进一步思考,什么东西可以帮你挂一幅画呢?

这个时候思路会更宽,除了工具箱里的那些工具,还有图钉、双面胶、胶带等,都可以解决这个问题。

我之前在德国著名的 HPI D-School 参加设计思维工作坊训练的时候，参与了其中一个小任务：设计一个钱包。

如果把这个任务中的钱包设计成常规款式，基本就是正方形、长方形，里面一层一层，有卡槽、拉链。这样想来，思路就会受限制。

但是如果换个角度想，设计一个"装钱的东西"，那么思路就一下子打开了。那这个钱包的形状，就不再局限于长方形、正方形，也可以是圆形的，甚至可以卷起来等。

再进一步想，未来还需要实物钱包吗？是不是可以设计一个虚拟的钱包？那么，"虚拟钱包"会长什么样呢？

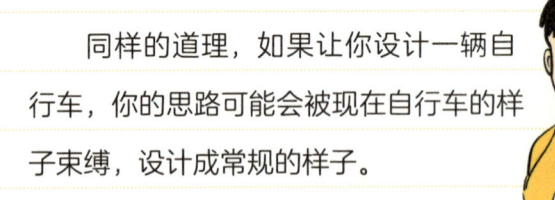

同样的道理，如果让你设计一辆自行车，你的思路可能会被现在自行车的样子束缚，设计成常规的样子。

我们来转化一下问题，把设计一辆自行车转化为设计一个便携式出行设备，那就可以有很多种设计了，说不定你真的可以设计出下一代改变大家出行方式的设备。

总而言之，当你深入思考的时候，可以转化问题，将思考的范围一层一层地扩大。这样，你看问题的视野就会越来越宽。

方法三：分析问题的基本原理

我们大胆设想一下：如果你所搭乘的轮船快沉没了，哪些东西可以救你一命？你能想出几件呢？

思考这个问题需要抓住问题的核心。如果船沉了，救命的东西是什么？根据常识，当然是可以漂浮的物品。进一步思考一下：一件物品为什么能漂浮在水面上？这是依据什么原理？

铁块会沉到水底，船会浮在水面上，这好像是理所当然的事情。但你有没有想过，为什么铁会沉下去，铁做的船却可以浮在水面上？

通常我们会觉得铁块比木块重，其实这是错误的观念。正确的说法应该是体积一样大的铁块和木块比起来，铁块比较重，那是因为铁块的密度大。

密度是什么呢？密度是对特定体积内的质量的度量（物体的质量除以物体的体积）。

$$物体的密度 = \frac{物体的质量}{物体的体积}$$

水的密度为 1g/cm³，密度比水大的东西，比如石头、玻璃、铁块等放在水中都会沉下去。而密度比水小的东西，比如木塞、塑料盒、矿泉水瓶则会浮起来。

铁船加上船内部的空间后，体积变大了很多，因此船的密度变得比水小，就能浮在水面上了。

当你明白这个道理之后，你就会想到，要想浮在水面上，只需要在不增加质量的前提下，设法增加体积就可以啦！

具体应该怎么实现呢？你可以利用游泳圈使自己浮起来，或者大大地吸一口气，让肺部的体积增大，这样就比较容易浮起来了。

如果从最基本的密度原理出发去分析，相信你会想到更多可以救你一命的东西。

总结

如何在小组讨论中多角度进行思考？本节主要讲解了三个方法：

1. 换位思考：站在别人的角度思考问题，才能真正体会别人的感受，这非常有助于我们与人沟通。

2. 转化问题：转化问题有助于我们打破旧有

的思维模式，拓宽思路，找到更有效的解决问题的方法。

3. 分析问题的基本原理：当我们遇到一个解决不了的问题的时候，可以尝试去分析导致这个问题发生的原因，从而从根源入手去思考如何解决这个问题。

如何具备通往欧美名校必备的思考方式？

质疑精神

这一讲我们来具体说说独立思考中非常重要的一种精神——质疑精神。

什么是质疑精神呢？

先用一个小故事来解释一下。

小泽征尔是世界著名的音乐指挥家之一。如果把乐队比作船队，那么指挥家就相当于船长，把握着整支队伍的航向。指挥家不但要把所有曲谱熟记于心，还要体会音乐的内涵，揣摩作

小泽征尔

曲家的用意，用自己的形体动作传达给演奏员某种情绪，营造某种氛围。小泽征尔就因他独树一帜的指挥风格而备受瞩目。

有一次，小泽征尔去欧洲参加音乐指挥家大赛。决赛时，评委给他一张乐谱，小泽征尔稍做准备就全神贯注地指挥起来。突然，他发现乐曲中出现了一点儿不和谐的旋律，于是就指挥乐队停下来，重新演奏。但旋律仍然不自然，他觉得乐谱肯定有问题。可是，在场的作曲家和评委会权威人士都声明乐谱不会有问题。难道是自己的错觉？他心里暗暗地想。

面对评判席上众多国际音乐界权威，最初他对自己的判断产生了怀疑。但是，他考虑再三，坚信自己的判断是正确的。于是，他大声说："不！一定是乐谱错了！"他的话音刚落,评判席上那些评委立即站起来,向他报以热烈的掌声,祝贺他大赛夺魁。

这是怎么回事呢?

原来这是评委们精心设计的一个"圈套",目的是试探指挥家是否能发现错误,是否能够在权威人士不承认错误的情况下坚持自己的判断。因为只有具备这种素质的人,才真正称得上是一流的音乐指挥家。

在最终角逐的三名选手中,只有小泽征尔相信自己的判断,从而获得了这次音乐指挥家大赛的桂冠。

这个故事告诉我们,在思考一件事情的时候,我们容易被环境左右,缺乏主见,从而放弃自己的正确判断。所以,具备怀疑精神,是独立思考的前提。小泽征尔的故事非常有代表性,一些顶级学校的面试,也都是故意设置一个"圈套",去试探面试者是否有独立思考的意识。这是一种重要的品质,希望你可以理解这个故事的精髓。

在此告诉你一个重要的知识点：独立思考的核心是批判性思维。不要看到"批判"两个字，就以为是在鸡蛋里挑骨头或对别人很刻薄、挑剔。实际上，批判性思维强调的是一种独立思考的能力，一种对所接收到的观点和结论随时保持怀疑的态度。拥有批判性思维的同学，会更喜欢提问和思考，而不是被动地接收所有信息，完全接受别人给出的标准答案。

总结

用一段哈佛大学的名言来总结今天的课：

深入的思考往往是从质疑中得来的。不要迷信任何人，也不要完全相信书里的知识。学习并不是机械地记忆，你要敢于质疑权威、质疑经验，才能避免成为一个"充实而迷茫的学习者"。

> 打开思路

如何"跳出盒子"，用创新思维解决复杂问题？

前面五讲探讨了如何提问、表达观点、进行深入思考等话题。其实，在你学习的过程中，需要达到三个目的。

第一个目的，学会学习。这是你每天在学校做的事情，学习不同学科的知识。

第二个目的，学会思考。能够主动地提出问题，分析问题，做出决策，反思、总结。

第三个目的，学会创新。这是学习的最高境界，也是你接受教育的终极目标。

创新思维是独立思考的最高境界。只有具备独立思考能力和创新思维，才能更好地适应未来竞争激烈的社会。

本章最后一讲的内容，将围绕利用创新思维解决复杂问题来展开。那么，如何培养创新思维呢？

打破思维定式是培养创新思维的前提。

如果你曾仔细观察过马戏团或者是旅游景区里配合游客拍照的大象，会发现一个细节：其实大象的腿上套了一个金属环，环上连着一条锁链。这条锁链往往系在一根插在地上的木桩上，避免大象逃跑。

你肯定会感到疑惑，大象那么大力气，连一棵树都能轻松拔起，应该一抬脚就能轻松地拔出木桩，然后跑掉，但是大象为什么没有这么做，而是老老实实地原地不动呢？是不是驯兽师给大象施了什么魔法呢？

看到这里，你有什么感受呢？难道成年的大象，真的丧失了力量吗？

其实大象在小的时候，就被同样的圆环、锁链和木桩锁着。当然，小的时候它也的确总想挣脱锁链，不停地去扯那个链子，但是在扯锁链的过程中，会弄伤腿部的皮，暴露出敏感、柔软、一碰就痛的嫩肉。你能想象到那种疼痛的感觉吗？

久而久之，它就意识到这些努力是没有用的，而且还会带来疼痛，最后就放弃了逃脱的打算，老老实实地站在原地。长大后，成年的大象就形成了思维定式，它会牢牢记着小时候曾经因为锁链和木桩而有过的痛苦经历，于是就彻底放弃了挣脱。

大象的故事有个寓意，那就是每个同学都有创新思维的潜力，但这种潜力很可能在你成长的某个阶段被压抑了。例如：在学习的过程中，可能是因为得了一个很糟糕的分数，或者别人一个不经意的负面评价，你开始自我否定，认为自己是一个没有创造力的人，并且在潜意识里形成了思维定式。在未来成长的道路上,你也会一直这么认为。所以,如果你想有创新思维,需要先了解自己存在的某些思维定式,然后突破自我束缚,这是获得创造力的重要条件之一。

讲完前提条件,下面告诉你两个培养创新思维的方法。

方法一:联想力训练

在平时的生活中,进行联想力训练,可以从身边的东西入手。

举个例子,你能列举出几个和动物有关的成语或俗语呢?

给你一些小提示:哪里有一连串动物呢?如果直接从十二生肖入手,是不是思路一下子就打开了呢?

鼠目寸光　　狐假虎威　　鸡犬不宁　　一地鸡毛

再提高一下难度，将你想出的成语串联起来讲一段话。

例如：鼠目寸光的可怜虫，自以为有权有势，还想当山大王，其实还不是狐假虎威？你看，最后还不是搞得鸡犬不宁、一地鸡毛？

与之类似，还可以试着列举出和植物有关的成语。除了动物、植物联想外，还可以进行同义词联想，例如：你会用哪些形容词形容肥胖呢？其实可以从成语里寻找到很多灵感，成语是一个大宝藏，例如：肥头大耳、脑满肠肥、大腹便便。

此外，进行联想训练的内容还可以更宽泛，比如有关材料的联想。纸的功能有很多，你能说出家里有哪些东西是纸做的吗？或者，家里有哪些东西是玻璃做的？再或者，家里有哪些东西用到了绳子？

你可以和爸爸妈妈或者同学一起在日常生活中寻找一些元素，然后进行联想比赛，要求就是想得越多越好。

方法二：想象力训练

我们可以想象一下，如果一个东西突然消失会怎么样呢？例如：如果没有手机，那么你的生活会变成什么样呢？

我们现在的生活中，手机是日常必备的通信与娱乐工具，所以出现了越来越多的"低头族"。半天不看手机，就感觉自己被世界抛弃了。但是如果某天一起床，全世界的手机都消失了，那么你的生活会怎样呢？你可以想象一下，回到清朝，人们的通信与娱乐手段是什么呢？他们是如何获取知识、如何排遣无聊时光的？这些都可以给你一些灵感。

相对地，当手机消失了，你会不会拥有某种幸福感？比如，你不会急着想要看信息，不会一直打游戏打到停不下来，这到底是幸福还是不幸？多去想想生活中的各种实际情况，让你的想象空间更加广阔！

与之相反，你也可以设想在生活中增加一样东西。例如：如果我收养了一只小狮子，我的生活会发生什么变化呢？养动物可不是一件简单的事，具体应该怎么做呢？你可以脑洞大开，大胆地设想一下。

很多学校在面试的时候，喜欢问一些发散性的问题来考查学生的应变能力和想象力。所以，你不妨在生活中，和父母一起做一些需要发散性思维的思考题，比比看谁想得更多。这是你平时可以有意识地去做的训练。

最后，给出两点关于独立思考的忠告。

第一，兴趣驱动思考。

没有兴趣，什么都学不好，而且兴趣是自然产生的，不是别人强迫你产生的，希望你可以尊重自己的兴趣。

第二，给自己一些空余时间。

台湾大学有一口每天只敲 21 下的钟。你可能会感到奇怪，为什么一天 24 小时，却只敲 21 下呢？这源自台湾大学校长傅斯年的一句名言：

一天只有 21 小时，剩下 3 小时是用来沉思的！

这句话我深以为然，对我有很大的启发，同时也提醒我们，不要让匆忙、焦虑占据心灵，要学会停下来思考，要让思想积淀，才能有更多收获。这也解释了为什么在放松的时候，我们能想出优秀的创意。一些同学每天很努力、很用功，虽然比别人学的时间长，却没有效果，就是因为不会停下来思考。

总结

希望你能够每天给自己一些空余时间。当我们放下某个问题，通常过一段时间后，就会豁然开朗，原来办法就摆在眼前。

英国心理学家桑迪·曼恩（Sandi Mann）博士曾经做过一个实验，实验表明：原来我们无聊的时候，大脑并没有停止工作，而是开启了内在探索模式。当你给自己留一些空余时间，让思绪乱飞，你的思想就会走入潜意识中。这也是在无聊发呆的时候，我们却能灵光一现想出好创意的原因。

第②章
成长型思维训练课

"性格决定命运"的真相

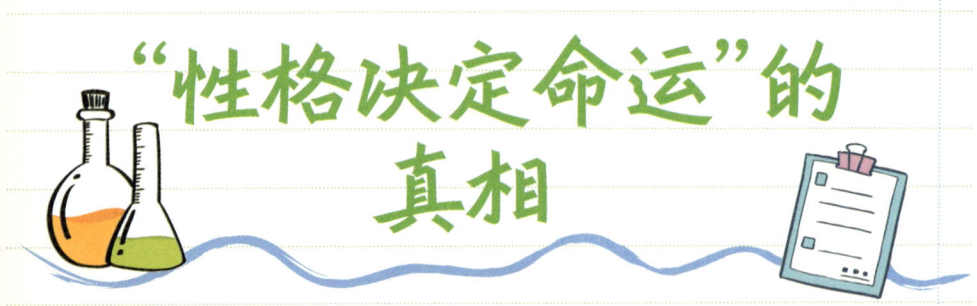

你是否有过以下几种想法：

人的能力天注定，无法后天培养。

这不是我的问题，都是别人的错。

成功在于天赋。

还有一些人比我考得更差。

算了吧，这就是我的命，所有努力都是白费的。

没办法，我就是做不到，我天生就比别人笨。

失败代表不聪明。

我不喜欢和别人沟通，做自己就好。

电影《头脑特工队》里面的忧忧和乐乐，因为截然相反的性格让我们印象深刻。忧忧就像我们生活中有些人一样，整天觉得："没办法，我就是做不到，我天生就比别人笨。""我不喜欢和别人沟通，做自己就好。""目标没有达成都是别人的错。""太不公平了，所有努力都是白费的。"

我们更喜欢乐乐那种类型的人。他们是乐天派，他们看待生活的方式与忧忧截然不同。他们认为："目标没有达成，肯定是自己还不够努力。""看来我要加强和别人的沟通，才能把事情做好。""半个月过去了工作才完成 60%，要继续努力。""他在这方面比我优秀，我要向他学习。"

你在生活当中是乐乐还是忧忧呢？或者说，你在哪些问题上是乐乐这种类型的，哪些问题上是忧忧这种类型的呢？

我们常常听到一句话："性格决定命运。"你对这句话有怎样的看法呢？

我们通常会将性格划分为乐观的、悲观的、内向的、外向的等。乐观的人普遍比较愿意尝试新事物，相对更可以接受失败；悲观的人总会想到不好的后果，从而害怕做出决定。

性格
- 乐观的
- 悲观的
- 内向的
- 外向的
- ……

自从读了《终身成长》这本书后，我受到了很大的启发。作者卡罗尔·德韦克是斯坦福大学的心理学教授，她认为影响一个人能力高低和成就大小的因素，不是天资，而是成长时期的思维模式。

有两种基本的思维模式，可以塑造我们的人生：一种是固定型思维模式（fixed mindset）；一种是成长型思维模式（growth mindset）。

思维模式
- 固定型思维模式（fixed mindset）
- 成长型思维模式（growth mindset）

拥有固定型思维模式的人认为：人的性格、智商和创造力等都是由先天条件决定的，无法改变。所以，他们时时刻刻都想证明自己的能力，尽量避免挑战有难度的事情，因为万一遇到挫败，就是对他们天资和能力的否定。而拥有成长型思维模式的人乐于接受挑战，也不介意失败。对于他们来说，这些经验能令他们提升能力，所以他们热爱学习，不逃避困难。他们认为自己各方面的能力，都还可以通过学习来提升。

德韦克教授的理论打破了传统意义上人们对乐观和悲观的认知。一个人乐观或悲观只是表象，最重要的其实是他具有怎样的思维模式。

看到这里，你得到了什么启发呢？

我在课堂上会遇到不同类型的学生。有的学生确实很乐观，但面对失败的时候，不会关心下一次的表现，活得潇洒快乐；还有一些学生，虽然表现得很悲观，说一些泄气的话，但是会开始做计划，让自己下一次表现得更好。那么，到底谁才是真正的乐观，谁才是真正的悲观呢？

德韦克教授研究发现，拥有成长型思维模式的学生考试不及格之后，会加倍努力，用更多的时间复习，希望下次考试可以有所进步。但是拥有固定型思维模式的学生考试不及格之后，会在下次考试时耍小聪明，或者找成绩比他们更差的同学比较，从而令自己感觉更好一些。你是否有这样的习惯呢？

总结

所以，一个人能否成功，并不取决于他是乐观的还是悲观的，是内向的还是外向的，而是取决于他是否具备成长型思维模式。成长型思维模式会促使人持续学习，不断改进；而固定型思维模式会令人原地踏步，裹足不前。无论你是一个乐观的人，还是一个悲观的人，无论你的性格是内向的还是外向的，只有具备成长型思维模式，你未来的学习才会更顺利，生活才会更幸福。

"三岁看大，七岁看老"，真是这样吗？

你是如何看待"三岁看大，七岁看老"这句话的？真的可以从七岁的孩子身上，看到他以后的成就和功业吗？

你觉得人的能力是可以培养的，还是一成不变的？这个问题正反双方都有很多的支持者。有一部分人认为，人类天生的DNA决定了他的学习能力和未来的发展；另外一部分人认为，能力可以通过后天的培养来提升。这两种观点没有绝对的对与错，但越来越多的案例证明：一开始聪明的人到最后不一定依然聪明。你读书的时候有没有遇到过这样的人呢？

曾有一位朋友和我分享了一个故事：

A 同学一开始托福考试的成绩是 70 多分，学习了一段时间之后，可以达到 95 分，但是遇到了一个瓶颈，不管怎么努力，成绩就是无法再提升。

B 同学初始英文水平比 A 同学要差，开始时托福考试只能考 50 多分，但是经过同样一段时间的学习之后，考到了 106 分。

其实我们在学校读书的时候，常常会看到一些学生后来居上。这些学生平时不认真，成绩都是班级最后几名，但是突然有一天绝地反击，最终名列前茅。当然，也会看到一些平时成绩很好的学生，天分很不错，但后来成绩不断下降，心态崩溃，自暴自弃，最终黯然失色。

同类的事例在中国古代也十分常见，我们耳熟能详的要数王安石写的《伤仲永》。这个故事的主人公叫方仲永，方仲永五岁的时候，展现出了出众的文学天赋，写的诗让人赞叹不已。同乡的很多人都以宾客之礼对待他和他的父亲，甚至花钱求仲永题诗。仲永的父亲认为有利可图，每天带着他四处拜访，不再让他学习了。

成年后的仲永怎么样了呢？王安石的原文描述为："泯然众人矣（与普通人毫无差别）。"

方仲永的天赋比一般人优秀得多，但因为后天教育的缺失，这个五岁就能提笔写诗的孩子，最终成了一个普通人，实属可惜。

1000年前的王安石通过这个事例让我们懂得，就算是一个天资很高的人，后天教育也是必不可少的，否则神童的才华也会日渐褪色。

按照德韦克教授的理论分析，方仲永"泯然众人矣"的原因就在于：仲永的父亲早早地给孩子贴上了一个标签，认为孩子是一个神童。更重要的是，仲永的父亲认为人的才能是一成不变的，神童是一辈子的事。于是，他把目光锁定在了一件事情上——带着年幼的儿子到处展示他的才能。这就是德韦克教授提到的典型的"固定型思维模式"。拥有这种思维模式的人，认为人的才能是一成不变的，同时也会急于表现自己的才能。这种固定型思维模式认为迈克尔·乔丹生来就会打篮球，毕加索一出生就会画画，这些人生来就是天才。

那么，"三岁看大，七岁看老"，真是这样的吗？

其实每个人天生都有不同的特质，有的长得高一点儿，有的长得矮一点儿，有的智商高一点儿，有的运动好一点儿……一个人的天资高，是否就代表他将来的能力一定比其他人强呢？相反，资质一般的人，是否一定会从起点一直输到终点呢？

《哈利·波特》的作者 J.K. 罗琳曾经说过:

天赋和才能并不会使你免遭命运无常的捉弄。

这句话值得我们细细品味。

回想一下,你是不是在潜移默化中形成了固定型思维模式呢?

具有固定型思维模式的人,总是希望自己考试成绩名列前茅,每门学科都棒棒的,在课堂上回答问题准确无误,被老师称赞聪明;长大后进入职场,在人际交往中,也无时无刻不关注自己是不是够聪明;甚至和朋友打牌、玩桌游都想证明自己很优秀,生怕周围的人认为自己不够聪明,在某方面没有天分,生怕在别人面前显得很笨拙;因为害怕表现不好,不敢尝试新事物,拼命隐藏自己不好的地方,畏惧挑战,永远停留在舒适区里。

但是这个世界上还有另外一类人,他们相信人真正的潜能是未知的,每个人先天都有着不同的才能,通过后天的努力和个人经验的积累，可以更好地挖掘潜能。他们喜欢从错误中学习，乐意接受反馈和有建设性的批评，喜欢尝试新挑战。

最后，我们来总结一下成长型思维模式与固定型思维模式的区别：

区别一：拥有成长型思维模式的人更在乎提升自己，寻找机会学习；拥有固定型思维模式的人更在乎别人的眼光，寻找机会表现自己。

区别二：拥有成长型思维模式的人相信挑战可以带来经验，使自己成长；拥有固定型思维模式的人更希望待在自己表现良好的区域，渴望证明自己。

区别三：拥有成长型思维模式的人会把挫折当作学习的机会，从中找出自己的弱点，想尽办法弥补缺陷，因为他们相信任何能力都是可以通过努力获得的；拥有固定型思维模式的人则会为自己的错误找借口，维护自己的形象。

区别四：拥有成长型思维模式的人乐意接受反馈和有建设性的批评；拥有固定型思维模式的人喜欢通过贬低他人来凸显自己，不能接受别人比自己优秀，不能接受任何批评，对比自己出色的人心怀嫉妒。

区别五：拥有成长型思维模式的人认为人的潜能是未知的，他们相信即使每个人先天的才能有所不同，但是通过后天努力和个人经验的积累，能力是可以培养的；拥有固定型思维模式的人相信自己的才能是一成不变的，同时也会急于表现自己的才能，不容许自己有任何的差错，认为只有缺乏天赋的人才需要努力。

总结

拥有固定型思维模式的人，会很努力地达到早期阶段的成就，但是很难维持表现和突破自我。反之，拥有成长型思维模式的人会很努力地学习，即使有了小小的成就，也不会感到满足，而是渴望更大的进步。

为什么乔丹不是天才?

这一讲我们来分析一下,成长型思维模式是如何帮助运动员不断突破的。

在体育界,很多人相信天赋,相信"与生俱来"这个概念。拥有天赋固然能为运动员带来起点优势,但是运动员的思维模式才是他走向终点的关键。而拥有成长型思维模式的运动员,相信成功来自努力学习和自我提升,相信努力可以弥补先天的缺陷。

德韦克教授举了几个典型的例子。

比利·比恩(Billy Beane)是一位公认的非常有天赋的运动员,他在高中二年级的时候,就是篮球队得分最高的球员,同时也是橄榄球队的四分卫,以及棒球队最棒的击球手。然而每当比赛不顺利的时候，比利就会破坏身边的物品来发泄。而且随着比赛越来越激烈，情况越来越糟糕，每失败一次，比利就会崩溃一次。这不仅仅是因为他不喜欢失败，更是因为他根本就不知道该如何面对失败。

比利的固定型思维模式让他执拗地认为，天才根本就不需要努力，努力是那些缺乏天赋的人才需要做的。而且天才也不需要寻求别人的帮助，因为那样做就等于承认自己的弱点。最后，受固定型思维模式影响的比利，被自己超凡的天赋给困住了。

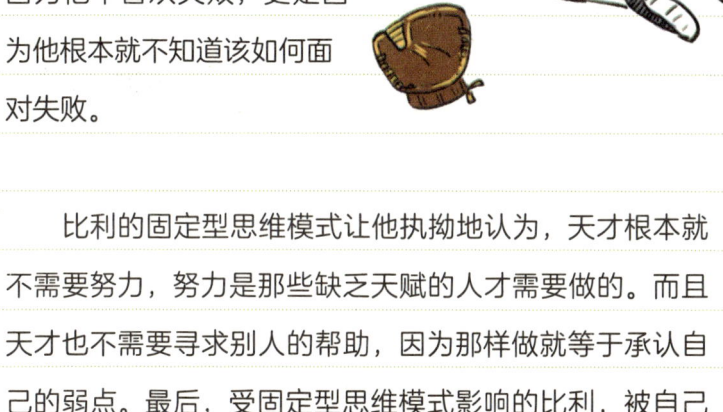

接下来我们看看，乔丹是怎样利用成长型思维模式，成为人们眼中的传奇人物的。

说到乔丹，我们都认为他是"篮球之神"，我们喜欢他不肯服输的精神。但是你知道吗，乔丹不是一个天才，却是最努力的运动员。

乔丹在高中时篮球天赋并不是很拔尖，甚至被校队淘汰了。现在我们可能会嘲笑当年的教练是多么没有眼光，连未来的巨星都看不到。但是在当时，乔丹确实只是一个非常普通的球员。

被高中校队淘汰后，乔丹非常郁闷，但是他的妈妈劝他说："你最好回学校好好训练。"

乔丹按照妈妈说的去做了。每天早上六点钟他就离开家，抽空在上课前练习。在北卡罗来纳大学的时候，他不断训练自己的防守、控球和投篮技巧，时刻为下一年的比赛做准备。在别人眼中，乔丹的训练是出了名的刻苦的。

乔丹说："坚忍的意志和决心比某些身体上的优势更强有力。"但是有些人并不这么认为。他们看到乔丹时，只认为乔丹是篮球天才。为什么会这样？因为这些人看到的只是表面，并且只关注到了结果，而没有看到乔丹的付出。

成功的关键不仅仅是对比赛最后一球的执着,更是训练到最后一分钟都不会停歇的高度专注,是在输球的下一秒钟,就开始准备第二天凌晨五点钟继续训练。

听了乔丹的故事,你是不是跟我一样对他肃然起敬?其实很多冠军运动员都具备成长型思维模式,会不断地把自己的失败转化为下一次进步的动力。

讲完球员的事迹,我们再来了解一下两位教练的故事。教练的思维模式,也会影响球队的成绩。

鲍比·奈特(Bobby Knight)是一位著名的篮球教练,他非常看重球队的成绩,习惯用固定型思维模式来评判球员。因此他无法接受每一次的失败,每一次输球的经历都被他看成对自己的否定。对于那些输掉比赛的球员,奈特会不留情面地指着他们骂"蠢货",甚至不让他们和其他队员一起乘车回家,他认为这些球员不值得尊重。

约翰·伍登(John Wooden)也是一名篮球教练,但和奈特不同的是,他拥有成长型思维模式,允许自己的球员输球。他的原则是球员们必须每天都让自己有所进步，提升自己的能力。如果他发现球员在训练中并没有全力付出，他便会结束训练。

在比赛的时候，伍登只在乎每位球员是否准备充足，全力以赴，输球或是赢球并不是他评价球员的唯一标准。他坚信如果尽力了，也许比分会落后，但这只是一时的结果。他知道成功取决于每一次的进步而不是比赛的结果，也正因为这样的理念，伍登创造了了不起的篮球神话。

总结

希望以上这些故事能够给你带来一些启发。具有成长型思维模式的人认为挫折可以给人动力。挫折是一记警钟，可以给我们提供很多教训。成功来源于尽自己最大的努力来做事，也来源于学习和自我提高，这也正是我们在以上事例中学到的。

只有缺乏天赋的人才需要努力吗?

大家应该都读过《龟兔赛跑》的故事,故事中骄傲的兔子最终输给了稳健的乌龟,而乌龟赢得比赛的原因是它坚持不懈的精神。

那么,请你思考一下:在现实生活中,你真的希望自己成为那只乌龟吗?

我曾经在班上问过我的学生们,谁希望自己是那只乌龟。

有意思的事情发生了，只有少部分的同学举手了，而其他同学都希望自己做一只不骄傲的兔子——既天赋过人，又不会犯低级错误。《龟兔赛跑》的故事本想强调努力的重要性，却无形中给努力贴上了一个不好的标签。不知道为什么，现在的同学们在读了这个故事以后，又形成了一种"只有缺乏天赋的人才需要努力"的观念。这种观念认为只有在非常罕见的情况下，只有当有天赋的人出现失误的时候，缺乏天赋但努力的人才有机可乘，而在其他情况下，努力根本没法儿跟天赋比。

在学习中也一样，我们常常会在班里看到，一些同学喜欢在别人面前摆出一副自己根本没有努力的样子。

这样做的目的是，如果自己考试成绩不好，可以找借口。

这其实反映的是他内心的恐惧，害怕努力过后依然会失败，并且没有办法为这种失败找到任何借口。

另一方面，这类同学回家后拼命熬夜看书，或者找名师补习。如果考试成绩不错，他们便在别人面前显摆，还会故意贬低班里那些很努力但成绩不好的同学，以此来凸显自己。其实这种人最怕的是面对失败，所以才拼命维护自己的形象。

拥有固定型思维模式的人不会从失败中吸取教训，并纠正自己的错误。相反，他们更重视如何维护自己的自尊，比如，寻找比自己还差的人。

某个大学的学生在经历了一次糟糕的考试之后，获得了去看其他人试卷的机会。如果你是这群大学生中的一个，你会选择去看哪类试卷呢？拥有成长型思维模式的人会选择去看那些比他们考得好很多的人的试卷，他们希望弥补自己的不足。但是拥有固定型思维模式的人会选择去看那些考得非常差的人的试卷，因为他们想通过这样的方式让自己心里好受些。

其实我们每个人都同时具备两种不同的思维模式，只是在不同的情况下会使用不同的思维模式来处理事情而已。它们就像两顶不同的帽子，一些人戴上成长型思维帽子的频率会比另一些人高。成长型思维并不是一种性格,而是一种可以培养的能力。

最后,谈谈我自己的感悟。我讲过一门课程叫《评书〈哈利·波特〉》。其实当初决定讲《哈利·波特》就是单纯地觉得 J.K. 罗琳写得非常好,我想讲出来,并且融入自己的思考,分享给喜欢的同学们听。可是,我也害怕自己哪里做得不好,害怕被批评。后来通过认知疗法的干预,我逐渐把自己的固定型思维转变为成长型思维,告诉自己,愿意踏出这一步就已经很了不起了。

这件事带给我的最珍贵的收获是,我明白了我应该积极面对困惑,并在这个过程中不断学习,比如练习语言表达、学会揣摩人物的情绪、懂得站在同学们的角度看问题。

总结

所以,固定型思维模式和成长型思维模式并非是一成不变的。我们如果能够保持乐观心态,勇于挑战自我,不断地从错误中学习,就一定会有所收获。

孩子养成固定型思维的过程

婴幼儿似乎对世间万物都充满了求知欲。他们每天都在拓展自己的生存技能，比如学走路、学说话，从来不会觉得太难了，也不会觉得这些根本不值得自己为之努力学习。他们不会担心自己犯错，他们不断地向前走，摔倒了就再站起来，跌跌撞撞地前行。

那么，究竟是什么让这种生机勃勃的热情走到了尽头？是身处的环境还是父母的培养方式？

人在三五岁的时候，看什么都很好奇。比如，有一天，妈妈在家里用吸尘器吸地板，你在旁边观察了好久，突然跑过

去跟妈妈说:"妈妈,可以让我吸一下吗?"这时候她可能会说:"你不要吸了,你吸得不干净。上次你就把东西弄得乱七八糟的,越帮越忙,你不要闹了好不好?"结果,你就这样被妈妈拒绝了。

后来的某一天,妈妈在厨房炒菜,你在旁边观察了一段时间之后,跑过去对她说:"妈妈,我帮你切这个可以吗?"她有可能这么说:"不要捣乱啦,上次你不小心切到了手,你忘了吗?"

你可能会发现自己原本动力十足,看到什么东西都很好奇,都想学一学、摸一摸、碰一碰,可是爸爸妈妈却一直给你泼冷水,这样你会一直受挫,探索的动力也就渐渐减弱了。

再比如,很多同学都会去参加兴趣班,学音乐、美术、英语等课程,在学习了一段时间后,可能会收到很多英语比赛、绘画比赛和乐器比赛的通知。当然，收到通知后，你和爸爸妈妈都会积极准备，他们也经常鼓励你。你每天认真地练习，结果因为第一次上场，一时紧张，表现得不是很好。

下台之后，爸爸妈妈对你说："你为什么要紧张啊？在家里准备得不是好好的吗？你练习这么久都白费了！如果你这次发挥得好，就可以晋级了！"

你在台上已经受到了那么大的挫折，结果下台之后，父母又没有给予你积极的肯定，所以你慢慢地开始在内心否定自己了。

长期处于这种环境，人的能动力会从100%开始慢慢地下降。在经历了若干次失利后，我们的大脑里面会出现一个想法叫"自我设限"，意思就是画地为牢。被这种想法禁锢后，我们会认为自己没有能力走出这个圈子，以后只要面对挑战就会自暴自弃。这也是很多人做事经常拖延，时常抗拒新事物的原因。

最终，我们很容易养成固定型思维模式，经常会说："我不行，我做不到，没办法，这就是我的命。"

这一切都与我们身处的环境有很大的关系。

自我设限

画地为牢

总结

通过这一讲，我们学习了固定型思维的形成过程。当我们长期处在一种压迫的、挫败感强烈的环境中时，我们原本与生俱来的探索精神会渐渐消磨殆尽，从而使得我们更加倾向于待在舒适区，不愿改变，抗拒尝试新事物，最终陷入自我设限里，一事无成。

培养成长型思维的方法

转化思维模式的步骤

按照德韦克教授的方法,转化思维模式一共分为四个步骤:

第一步:接受

德韦克教授指出,我们每个人的思维都是成长型思维与固定型思维的混合物,这并没有什么可羞愧的。所以,要想改变固定型思维,我们首先要了解自己在哪些方面是偏向成长型思维的,哪些方面是偏向固定型思维的,且要接受自己拥有的固定型思维。

例如:你在英语学习方面偏向成长型思维,认为只要努力练习就可以提升英语水平；但是在数学方面，则是抱着固定型思维模式的心态，认为自己没有学习数学的天分，即便付出再多努力，也不能改变自己不擅长数学的现状。

除了学习方面，你也可以思考一下，自己平时在生活方面或是性格方面分别具有哪种思维模式。这样的话，我们就能更好地了解自己。

当你的内心开始出现固定型思维的念头时，你可以告诉自己这是固定型思维在搞鬼，要小心它。

这就是德韦克教授第一步"接受"的精髓。

第二步：观察

在了解和接受自己在哪些方面会经常出现固定型思维之后，我们必须观察并找出固定型思维的诱发因素。

例如，当你承受的压力过大的时候，你的固定型思维就会出现，在脑海中不断地制造出噪声，让你无法专注于学习；或者会小声对你说："放弃吧，你做不到。这件事会让你感到沮丧和难过，还是做一些简单的事情吧。"之后你会陷入痛苦的状态，感觉什么事情都没有做时间就流逝了，心情很烦闷。

又如，当你遭遇失败后，你的固定型思维就会不断地批评你："你没有天分，别再徒劳了，这样会显得你很笨。"

再比如，当某个你很擅长的领域出现了一个比你优秀很多的人时，你的心里会萌生出一股恨意。

总之，这些诱发固定型思维的因素发现得越多，你就越能在固定型思维出现前做好准备，并及时提醒自己，等到情绪稳定一些后再做决定。

这就是德韦克教授第二步"观察"的精髓。

请同学们也思考一下，对于你来说，固定型思维模式的诱发因素有哪些？

第三步：命名

即我们给固定型思维取一个名字。它可以是一本书，也可以是一部电影里的人物，还可以是一个你不喜欢的名字。

为什么要起名字呢？

德韦克教授的解释是，名字可以让我们更生动、更形象地描述我们的固定型思维。她举了这样一个例子：每当她开会遇到困境时，她的"杜安"就会出现（"杜安"就是她为固定型思维取的名字）。"杜安"让她变得对每个人都非常挑剔、苛刻、蛮横，让她变得缺乏竞争力、懦弱和焦虑。

书中还举出了其他的例子，例如，有人用"格特鲁德"来代表狡猾、做作、喜欢自我吹捧的固定型思维，而我则将我的固定型思维起名为"博格特"。

博格特是《哈利·波特》中的一种神奇生物，它没有固定形状，却能看透人的内心。你害怕什么，它就会变成什么。所以，每当我裹足不前、不敢尝试、懦弱胆怯的时候，博格特就会出现。

你看，这样命名是不是很生动地描述了固定型思维带给我们的困扰呢？

这就是"命名"的精髓。

如果让你为自己的固定型思维起一个名字，你会起什么名字呢？

第四步：教育

有一位小学老师让小学生分析自己固定型思维的诱因，并给他们的固定型思维起名字。

这个班里有一个小男孩不愿意去做这件事情，不止这一件事，其他很多事情他也一样不配合。不管老师怎么鼓励他，他都不愿意去尝试。他坐在那里一连好几个星期都不说话，而其他同学则在忙着谈论或者画下他们的固定型思维。老师告诉这个小男孩，如果他准备好了，老师会在他身边听他讲。

有一天，这个男孩突然说："充满负能量的丹。"

"什么？"老师问。

"我觉得我的固定型思维叫作充满负能量的丹，因为我做什么事都会错，所有人都对我不好。"

老师听到这句话后，立即走到他身边，帮助他和"丹"一起学习。慢慢地，"丹"放下了固执，从此之后，这个男孩进步得非常快。

有助于转化思维模式的方法

在此分享三个有助于转化思维模式的方法。

方法一：假设性思考

可以想象一下，当你遇到挑战的时候，如果你采用了固定型思维模式，将会得到什么样的结果？而如果你采用了成长型思维模式，又会怎样呢？

运用自我对话的方式，驳斥那些正在内心滋长的坏念头。例如："我不确定自己是否可以办到，但我会保持努力学习的状态""我会承认这个错误，这样我才有机会知道问题出在哪里""失败是成功之母"等。总之，只有保持用成长型思维看待眼前的问题，才能走出固定型思维的思考模式。

方法二：利用榜样的力量

多阅读一些人物传记，找出自己欣赏的人，看他们是怎样用成长型思维模式来面对挑战的。从中你会发现，每个人的成就都是时间和努力积累而成的，没有人可以一步登天。

方法三：在总结中不断提升

当你遭遇挫折和打击时，先不要急着否定自己，而要想想自己到底错在哪里,好好地利用每一次挫折所带来的教训,想办法弥补一些不足。

例如,问问自己:"我难过只是因为分数吗?还是因为别人的眼光?"多关注过程,在过程中不断地调整方法,直到改善为止。

总结

以上是这一讲的全部内容,相信同学们通过这些方法可以成功地培养自己的成长型思维,不断地提升自己的核心竞争力。

第③章 藤校逻辑思考课

因果谬误

原因不一定是这样的

一个名叫爱丽丝的小女孩，曾经不小心掉进一个池塘里，因为尝到池塘里的水是咸的，爱丽丝就一口咬定，自己是掉到海里去了。然后，她就很高兴地说，自己马上就可以坐火车回家了。

爱丽丝为什么会这么说呢？

原来，咸咸的海水勾起了她的回忆，使她想起从前自己和家人到海边去玩的经历。那时，爱丽丝就是和家人一起在海边的火车站坐火车回家的，所以，她觉得这次自己也一定能在附近找到火车站，然后就可以用相同的方式回家啦！

看到这里，你觉得爱丽丝的推理有没有问题呢？事实上，你只要举出几个反例就可以推翻她的理论。比如，水是咸的，不代表那就是海，也有可能是含盐量比较高的湖。退一万步来说，就算确实是海，也并不代表这一次仍然可以在海边找到一个火车站，并乘坐火车回家。

其实，这类看上去似乎很有道理却经不起推敲的想法，生活当中比比皆是。

我们班大多数学生都有手机了，所以我也应该有手机。

我奶奶每天吃十颗生大蒜，她活到102岁，看来吃生大蒜有助于健康长寿。

我的作文没及格，肯定是因为语文老师不喜欢我。

很多女生数学成绩都不好，所以女生不适合学数学。

这些想法到底错在哪里呢？在距今2000多年前的古希腊雅典，有一位博学多才的哲学家叫作亚里士多德。他通过研究发现，人类似乎天生就有一些错误的思考方式，他还给这些错误的思考方式起了一个名称叫作谬误（fallacy）。也就是说，一个能够始终保持思维清晰、准确、理性、客观的大脑，并不是天生的，是必须经过后天的培养才能得到的。

谬误！

在接下来的课程中，我将以故事的形式，讲解在生活或者学习中常常会遇到的十种逻辑谬误。了解这些知识可以帮助你在沟通、演讲、写作、辩论中思路更清晰，观点更有说服力，并逐渐养成良好的思维习惯和表达习惯，最终成为一个讲话做事都更有逻辑的人。

准备好了吗？让我们一起进入下面的故事吧。

放学了，西西慢吞吞地收拾着书包，好朋友小柚扑到她课桌前说："快点儿，带你去一个好地方！"

小柚带着西西来到一家看起来有些怪异的图书馆——一栋与周围房屋截然不同的建筑，黑色石墙，数根粗壮的石柱撑起高耸的尖顶，巨大的拱门上方雕刻着几个字：时空图书馆。

"新开的图书馆,很奇怪,我之前并没有看到过。"小柚说,"我们进去看看吧。"

"吱嘎"一声,小柚和西西居然毫不费力就推开了笨重的大门,好像有人帮他们从里面打开了一样。与此同时,一个声音响起:"欢迎光临时空图书馆!"

"哇——"小柚和西西同时张大了嘴巴。

只见几层楼高的书架一直抵到天花板上,每层书架上都摆满了书,层层叠叠的。一个小精灵正扇动着薄如蝉翼的翅膀,停在半空中。他脖子上的一枚金色钥匙闪烁着碎钻般的光芒,和他蓝色的袍子一起轻轻飘荡。

"你是谁?"小柚问。

"我是图书馆精灵布可。"小精灵说,"你们很幸运地成了第一千零一位、第一千零二位时空旅行者。准备好了吗?时空旅行即将开始。"

说完,小精灵布可拿起脖子上的金钥匙,在空中画了一个复杂而神秘的符号,然后一道光从中射出,小柚和西西"嗖"的一下被卷入其中,消失不见了。

再次睁开眼睛,小柚和西西发现他们在一间画室里。一位画家正对着一幅画像微笑,画上是一位披着头纱的贵妇人。画家花白的长发披散着,下颌的胡须也长长的。

"西西,快看,是《蒙娜丽莎》,我在书上看到过!"小柚惊奇地叫道,"那么这位画家就是达·芬奇喽!"

"是的。据说这幅画达·芬奇画了四年,真是漫长啊!"西西感叹道,"不过功夫不负有心人,《蒙娜丽莎》现在是全世界最有名的画作之一,代表了文艺复兴时期绘画艺术的最高成就。"

"机会难得,我得仔细看一看。"说着,小柚忍不住走近画像。

只见蒙娜丽莎体形丰腴,坐姿端庄,长发垂肩,左手放在椅子扶手上,右手自然地放在左手上。她嘴角微微上翘,平和宁静,与身后烟雾迷蒙的背景融为一体。

"画得好细腻啊,蒙娜丽莎的眼睛里像是藏着很多秘密。"小柚说,"而且不知道是不是我眼睛花了,我发现她好像在看我。"

"怎么可能?这只是一幅画。"西西说。

小柚走到画像的另一边,说:"你看,换个角度,她还在看我,她的目光一直追随着我。天哪,蒙娜丽莎是会动的!"

"这只是你的错觉。"西西感到很无语。

"蒙娜丽莎当然不会动,这是达·芬奇使用的一种特殊的作画技巧。"小精灵布可说,"小柚,没有足够的证据,可不要随便推论哦。"

读了上面的故事,不知道你有没有注意到一个细节。小柚说画里的蒙娜丽莎会动,因为不管他怎么变换角度,蒙娜丽莎都在注视着他。而实际上,这只是达·芬奇在作画时使用的一种绘画技巧而已。

在面对复杂问题时,如果你不仔细思考所有的可能性,轻易就给出一个答案来解释,那么你就会像故事里的小柚那样,犯下名为因果谬误的逻辑谬误。

其实,类似的案例并不少见,其中就包括发生在欧洲中世纪的女巫审判案。这是人类历史上一起非常著名的冤案。当时在欧洲,有一百多名女性因被认定为女巫而被处死。这样的说法,换作今天的你肯定不会相信。可奇怪的是,当时的人不仅相信,而且还在法庭上提供了很多证据。

比如，当时有一位农夫就曾遇到过一件奇怪的事情。有一次，他在赶路回家的时候，发现自己的马车途经村中一名独居老妇人的家后，就莫名其妙地丢了一个轮子。

假如你有机会跟那位农夫对话，你会说什么呢？也许你会说，车轮是被野兽叼走的，或者是被某个与农夫有仇的村民偷走的。总而言之，农夫途经老妇人的家后便丢失了车轮，二者之间很有可能只是巧合。

但可能就算提供了强有力的辩护，那个老妇人最终也会难逃一死。就像前面提到的那样，因果谬误来源于人的本能。心理学家研究发现，我们的大脑喜欢给遇到的每一件事寻找理由，甚至没有理由时，创造理由也要找理由。

对于自己的车轮莫名丢失这件事，农夫最快寻找到的，也是自认为最合理的解释就是：独居老妇人是一个女巫，是她的出现导致自己的车轮不见的。这就是典型的因果谬误。简单来讲，就是将两个相互关联的现象，或者两件先后发生的事情，看作有因果关系。

认识了这种谬误，我们再去获取信息的时候，就能辨别出信息中是否存在因果谬误了。比如，曾经有这样一则新闻：一个美国专家在美国一所学校里做过调查后发现，家中藏书多的学生，普遍在校成绩更优异。那个专家由此建议，要想成绩好，学生们就要多买一些书。像这样的报道，乍听上去似乎很有道理，也很符合常识，但仔细揣摩一下，就会发现家里藏书多和学习成绩好之间不一定是因果关系。可能是因为那些学生成绩好，所以才更热爱阅读，家里的藏书才更多；也可能是因为那些学生的父母收入和学历更高，所以家中的藏书更多，受父母的影响，学生的成绩更好。所以，如果你真的就像那个专家说的那样，去书店买很多书回家，买完也不看，就期望自己的成绩可以马上提高，那么，你很有可能要失望了。

我们到底要怎么做，才能避免犯下这种谬误呢？教你一招——无论是自己找的理由，还是别人给出的理由，都

要多花点儿时间想一想，这些理由和结论之间的因果关系到底是如何产生的。如果说不清楚，那么，无论那些观点是不是来自所谓的专家，我们都不应轻易地全盘接受它。

总结

虽然为所遇到的每一件事找到一个理由是人类一种下意识的本能反应，但是，在很多情况下，确定因果关系并没有那么简单。因此，不管结论多么显而易见，不管说话的人有多权威，你都要对推理的过程心存警惕。当你寻找原因解释某一现象的时候，不仅要看到那些看得见的事实，还要探究那些看不见的事实。原因真的就是这样吗？我能用自己的话来说清楚其中的因果关系吗？还有没有其他可能性了呢？

小王同学上完体育课回来，发现原本放在书包里的一百元钱不见了，于是就很生气地说道："是谁偷了我的钱？"你觉得小王的说法有没有问题呢？欢迎分享你的答案。

> 以偏概全谬误

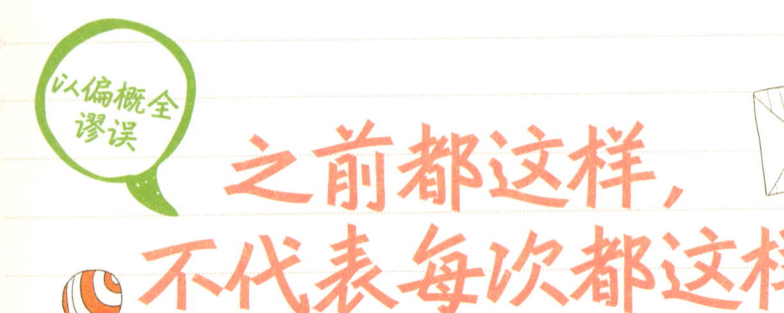

之前都这样，
不代表每次都这样

上一讲带大家了解了因果谬误的概念。当某一件事发生之后，如果你轻易用一些常见的原因去解释这件事，就可能会导致因果谬误的产生。因此，不管你听到什么解释，都要保持谨慎的态度，仔细思考之后再下结论。

这一讲将介绍一个十分常见的谬误。揭晓答案之前，先读一读下面的故事吧。

小精灵布可用金钥匙再次画出神秘符号，夺目的金色光芒让小柚和西西忍不住闭上了眼睛。再次睁开眼睛时，他们已经来到1600多年前的东晋。

阵阵笑声从一处雅致的庭院里传出来，是一群年轻人正在玩樗蒲（我国古代的一种棋类游戏），一个七八岁的小男孩也挤在棋盘前观看。

"献之,你不去练字,在这里做什么?你又不会玩樗蒲。"一个年轻人说道。

小男孩不满地白了他一眼,说:"这么简单的游戏,我看一下就会了。"

"是书法家王献之,"西西说,"他父亲就是大书法家王羲之。"

"他现在还是个小男孩呢。"小柚说,"他蹲在那儿看什么呢?我们也去看看吧。"

于是,小柚、西西也和王献之一起蹲在棋盘前面观看。小精灵布可轻轻地飘在旁边,在金钥匙光芒的笼罩下,所有

人都没发现他们。

看了一会儿,王献之觉得自己看出了门道。于是,他指着一个人说:"你要输了。"

小柚高兴地说:"我和王献之想的一样,我也觉得这个人会输。"

"你对这个游戏一知半解的,别轻易下结论。"西西不赞同地说。

"我觉得不难猜啊!"小柚有点儿不服气地说。

很快,一局结束,王献之和小柚都猜错了,那个人赢了。他指着王献之说:"此郎管中窥豹,时见一斑。"

"什么意思?"小柚问道。

"他说王献之就像从竹管里看豹,只能看见豹身上的一块花斑,根本看不到全貌。"西西解释道。

听到这话，小柚不好意思地挠了挠脑袋，脸也红了起来。

"王献之只看到了事物的一小部分，却用来推论整体，当然会犯错了。"小精灵布可说。

读完上面的故事，请思考这样一个问题：为什么那个人会批评王献之"管中窥豹，时见一斑"呢？在故事里，王献之自认为看懂了游戏的玩法，便对游戏结果作出了判断。可是，看懂了一部分，并不等于看懂了全部。换句话说，王献之正是犯了一种名为以偏概全的逻辑谬误。

这种谬误，在我们的身边常常出现。比如，以前我有一个学生，每次考试前都会把红领巾反过来戴。我感到很奇怪，有一次忍不住问他为什么要这样做。

结果他告诉我，这是因为他有一回考试前反着戴红领巾，没想到竟然破天荒地考了满分。虽然他隐隐觉得不可能是因为反戴红领巾才考满分的，但还是每次考试前都会将红领巾反过来戴。

听完他的话之后,我当然是感到哭笑不得。事实上,他犯了两个逻辑谬误,其中之一便是因果谬误。考试考满分,可能是因为他那次准备得比较充分,听课、复习都很认真。另一个逻辑谬误便是以偏概全。上一次将红领巾反着戴取得了一个好成绩,不代表每一次这么做都能取得好成绩。

又比如,如果A城的某个人在B城乱丢垃圾,便会有人将A城的所有人都定性为不讲卫生、不讲文明。这种以偏概全的现象其实很多,特别是现在网络发达,在小到对个人、大到对整个地区甚至整个民族的评价中,我们都能看到类似的现象。

如何才能避免产生这种谬误呢?教你一招——在下结论之前,一定要弄清楚这个结论所涉及的情况究竟是普遍存在的,还是仅为特例而已。

总结

当你习惯以过去的经验来思考现在或者未来,或者当你把少数当作全部的时候,便是犯了以偏概全的谬误。所以，当你听到"大家都""全部""所有"等字眼时，一定要立刻打起一百二十分的精神，检查自己或者对方在推理过程中所使用的例子是否具有足够的代表性，是能代表普遍情况，还是仅为特例而已。

总而言之，只有对这种谬误的存在始终保持警惕，你才有机会正视它，进而彻底消灭它。此外，通过增加阅读量来开阔自己的视野，丰富自己的背景知识，也是避免犯错的好办法。

假设班上有个同学跟你说："我以前感冒不用吃药就会好，这次感冒我也不准备吃药了。"你觉得他的这句话有没有问题呢？你会如何向这个同学解释他所犯的逻辑谬误呢？欢迎分享你的答案。

诉诸无知谬误

没看到的不一定不存在

上一讲带大家了解了以偏概全的逻辑谬误。把过去的经验武断地应用于现在或者未来,又或者在证据不足的情况下就匆忙下结论,都是犯这类逻辑谬误的表现。

但有的时候,你会发现,有些人做出错误结论并不是因为证据不足,而是因为自己完全不懂。接下来,让我们通过下面的故事来开启这一讲的主题吧。

随着神秘符号的光芒再次闪过,小精灵布可带着小柚和西西来到了19世纪中叶的伦敦。薄雾笼罩下,一幢略显陈旧的公馆里,一个衣着考究的中年人正坐在书桌前,他的头发梳得一丝不苟,下巴上留着浓密的胡须,他正是五十岁的达尔文。达尔文拿起一本崭新的书,轻轻抚摩了一下。小柚和西西看见书的封面上印着《物种起源》的英文书名。

"去年暑假，老师的推荐书目里就有达尔文的《物种起源》。"小柚说。

"嗯，我读完了，非常值得读的一本书。"西西说，"《物种起源》在人类历史上意义重大，里面提出的核心观点是进化论。"

"这个我知道！"小柚抢着说，"物竞天择，适者生存。"

"此时《物种起源》刚刚出版，进化论震惊了全世界，也遭到了很多人的反对。"小精灵布可说。

这时，仆人山姆走进来，将一封信递给达尔文，说："先生，莱伊尔教授寄来的。"

达尔文打开信，信上写道："亲爱的达尔文，近日又有人驳斥进化论，说'如果北极熊在北极没有任何天敌,那么它们便不需要一身白色毛发做保护色了',简直荒谬至极……"

达尔文叹了口气,说:"无知者比有知者更自信。只有无知者才会自信地断言科学永远不能解决任何问题。"

"我怎么觉得这个人的观点好像有点儿道理呢……"小柚小声嘀咕道,"北极熊处在北极圈食物链顶端,确实没有天敌啊,还要白色毛发做什么?"

"谬论!他根本什么都不懂!"西西生气地说,"北极熊生活在冰天雪地的北极,白色的毛发可以让它和周围的环境融为一体,这样的保护色可以帮助它捕猎啊!小柚同学,难怪你的生物考试不及格。"

"西西分析得很对,后来动物学家理查德·道金斯就指出:北极熊捕猎时,保护色能协助其隐藏行踪,以免被猎物发现。"小精灵布可说,"人类文明的进步总是要突破各种阻碍。"

莱伊尔教授信中提到的那个人的言论,为什么让达尔文都叹息"无知者比有知者更自信"呢?我们来分析一下。

达尔文进化论的主要观点是"物竞天择,适者生存"。能适应自然的,才会存留下来,所以每个物种都要为了适应自然而选择进化。信中那个人的意思是,北极熊没有天敌,就不需要适应自然,所以根本不会进化。这就犯了一个逻辑谬误。北极熊没有天敌,但还有很多其他因素促使它进化,比如捕猎时需要白色毛发隐藏行踪。信中那个人不知道这些,就一口咬定北极熊不需要进化。这个时候,他其实就犯了名为诉诸无知的谬误。

这种谬误在生活中随处可见。比如你小时候可能对爸爸妈妈提出的饭前洗手的要求很不理解,因为你并没有在手上看到他们所说的细菌。虽然你看不到细菌的存在，爸爸妈妈也没法儿立即给出确凿的证据证明细菌就在你眼前，但这并不代表你的手上没有细菌。

同样的道理，当你无法证明某个事物不存在时，你也不能因此判断，这个事物肯定是存在的。

就拿福尔摩斯探案故事的创作者英国推理小说家柯南·道尔为例。如果你看过他的小说，你可能会认为，能够创造出福尔摩斯这样的角色，柯南·道尔本人也一定是一个极为理性、很讲逻辑的人吧。但可惜的是，不知道是什么缘故，柯南·道尔步入晚年之后，却对一些迷信的灵魂说、心灵感应说深信不疑。如果要你现在来劝说柯南·道尔不要相信这些东西，我估计他大概会一笑了之，然后转过来劝你：你说这些东西不可信，可是，你又拿不出什么证据来证明灵魂不存在。既然如此，那么灵魂肯定就是存在的。

面对这样的事情，一个理性的、讲逻辑的人应该怎么做呢？你要做的，就是看对方能不能拿出来足够充分的证据，来证明这些事物到底是存在的还是不存在的。比如，如果要证明一种事物存在，那就要提供关于这种事物存在的证据。相反，如果要证明一种事物不存在，就要拿出关于这种事物不存在的证据。

为了帮助你更好地在不同的观点之间做选择，在此送给你一个很好用的逻辑武器——奥卡姆剃刀法则。使用这个武器有一个诀窍：如果关于同一个问题有许多种理论可以解释，那么你最好挑选其中使用假设最少的、最为简洁的那个理论。

以《皇帝的新装》为例来说明。当看到皇帝光着身子在大街上走路这个奇怪的现象时，大臣和孩子各自有一番解释。大臣的解释是这样的：首先，假设皇帝身上穿着一件世界上最华美的衣服，但这件衣服只有聪明人才能看见；其次，假设自己是个蠢人，那自己自然是看不见这件衣服的。但和大臣不同的是，孩子是这样解释的：皇帝明明是光着身子的，所以他根本就没有穿衣服。你觉得大臣和孩子谁的解释更有说服力呢？根据奥卡姆剃刀法则，那个需要假设最少的解释，往往是最接近真相的。而那个孩子的假设更少，其解释自然更有道理。

总结

若一个人因为没有确凿的证据证明外星人不存在，就直接倒向它们的反面，得出结论说外星人存在，这种推理就是犯了诉诸无知的谬误。一个理性的人，会随时对所有的观点——不管有多不可思议——都保持一种开放的态度。另外，你也可以试着用奥卡姆剃刀法则来帮助自己快速判定哪一种观点更为可信。

你可能在生活中听过这样的说法：我的爷爷抽烟很多年了，身体看起来并无大碍，所以，抽烟对身体应该不会有害。请问，这样的说法有没有什么问题呢？如果有问题，那么它是犯了哪种或哪些逻辑谬误呢？欢迎分享你的答案。

> 诉诸可能谬误

合理的不一定就是正确的

上一讲中，你已经了解了什么是诉诸无知的谬误。也就是说，我们不能仅仅因为没有证据证明某个观点是对的，就认为它是错的；又或者，因为没有证据证明某个事物是不存在的，就认为它是存在的。

今天这一讲呢，你将会学习到一个新的谬误。什么谬误呢？先别着急，让我们一起来读下面的故事吧。

小精灵布可用金钥匙开启了时空之旅，小柚和西西随着金色光芒一同消失，瞬间又出现在另一个地方。这一次，他们来到了春秋时期的中国。

不远处传来争吵声。

"你说得不对!"

"我说得对,你说得才不对!"

小柚和西西连忙看过去,只见一棵大树下有两个小孩在争吵,一位裹着头巾、身穿长袍、广袖翩翩的老人家站在旁边。

"啊,是孔子!"小柚惊喜地叫道。

"我们过去看看。"西西说。

孔子问那两个小孩:"你们在吵什么?"

小孩甲说:"我认为太阳刚刚升起时离人近一些,中午的时候离人远一些。"

小孩乙说:"我认为太阳刚刚升起时离人远一些,而中午时离人近一些。"

"哦，为什么这样说呢？"孔子又问。

小孩甲说："一个东西放在远处看起来小，放在近处看起来大。太阳刚出来时有车盖那么大，到了中午却只有盘子那么大，所以太阳刚升起时离人近，中午时离人远。"

小孩乙却说："一个热的物体，放在近处我们就感觉热一些，放在远处我们就感觉凉一些。太阳刚出来时我们并不觉得很热，到了中午我们就觉得热多了，所以太阳刚升起时离人远，中午时离人近。"

"你们都说得很有道理。"孔子捋了捋胡须说。

"那么，我们到底谁说得对呢？"两个小孩一起问道。

"这个……我也无法判断谁对谁错。"孔子有些为难地说。

"谁说您十分有智慧呢?"说着,两个小孩笑起来。

"我觉得小孩甲说得挺对的,"小柚说,"远小近大,很合理啊。"

"我认为小孩乙说得也很合理啊,近热远凉。"西西不服气地争辩道,"布可,你觉得呢?"

"这两个小孩说的话听起来都挺合理的,但是这并不能说明他们是正确的。"小精灵布可说,"实际上早上和中午的太阳,距离地球的远近基本上是相同的。"

这两个小孩的阐述都犯了一个逻辑谬误。

小孩甲的说法是,太阳刚出来时像车盖一样大,到了中午却像个盘子，远小近大，所以太阳刚刚升起时离人近一些，中午的时候离人远一些。这样的说法表面上看很合理，实际上这只是人的一种视觉误差。

小孩乙的说法"近热远凉"，表面上看也是合理的，却不能作为判断日地距离的依据，因为人的感受是受很多因素影响的。

我们都知道，地球是沿着椭圆形轨道绕着太阳公转的，公转周期为一年。在1月初，地球处在近日点，距离太阳最近。

就像小精灵布可说的，合理的并不一定就是正确的。

从逻辑的角度来说，两个小孩犯的其实就是把合理当正确的谬误。它还有一个名称，叫作诉诸可能。

我自己就犯过类似的错误。我上学的时候曾经跟一个成绩优异的同学做同桌。几乎每次考试，她的成绩都能保持在年级前十名以内。我很羡慕，于是经常观察她是如何学习的。渐渐地，我注意到，她每次考试后都会把所有做错的题目都抄在一个错题本上，再做一遍。于是，我也向她学习，准备了一个错题本。但奇怪的是，我的成绩并没有因此得到大幅度的提升。这到底是怎么一回事呢？

同桌知道之后，笑了笑，告诉我说，准备错题本的确是一个有效的学习方法，但不是唯一的学习方法。也就是说，学习是一件很复杂的事情，不可能单靠一个错题本就能名列前茅，课前预习、课后复习等方法也很重要。而我误以为准备错题本就是提升学习成绩的唯一方法，其实就是犯了诉诸可能的逻辑谬误。

像这样的案例还有很多。2011年日本福岛核事故发生一段时间后，"核泄漏会导致海水污染，以后的海盐都不能吃了，现在要赶紧囤盐"的谣言便迅速传播开来，有不少人开始抢购、囤积食盐。为

什么会出现这样的情况呢?这种谣言的传播主要是利用了人们的恐慌心理和跟风心理。试想一下,当一个小道消息在人群中传播的时候,如果你不认真思考,很容易就会产生"无风不起浪"或"宁可信其有,不可信其无"的想法。再加上看到有人在抢盐,自然而然就会把谣言当作事实,也加入抢盐的队伍。这也是谣言可以在很短的时间内造成很大影响的主要原因之一。

特别是在谣言听上去还十分合理的情况下,人们就更容易相信了,因为核泄漏的确会造成海水污染。这种时候,诉诸可能的思考方式就会加快谣言的传播速度。但事实上,当时的核泄漏事故对我国沿海地区的影响很小,而且我国的盐矿资源其实非常丰富,海盐并不是食盐的唯一来源,所以,囤盐真的没有必要。

今后,当你再听到任何类似的消息的时候,务必要留个心眼儿,因为一种说法即便听起来再合理,也不代表它就是唯一的、正确的解释。

总结

在我们的日常生活中，很多事情都是很复杂的，原因通常不止一种。也就是说，找到一种合理的解释，并不等于找到了正确的解释。因此，无论是当你自己寻找原因还是听到别人给出解释时，都不要急于接受，或者满足于那个所谓的合理解答。试着多提一些问题，始终保持好奇心和探索精神，相信你一定可以摆脱思维的惯性，发现背后的真相。

假设你在外地旅游的时候，看到一家商店里有很多很便宜的当地手工艺品，你很想买一个纪念品带回家。但是，你的朋友却对你说："便宜没好货，还是不要买啦。"你觉得他说的这句话有道理吗？如果没有，又是哪里出了问题呢？

非黑即白
谬误

不能忽略其他选项

上一讲带大家了解了诉诸可能的谬误，这一讲介绍一种与其类似的谬误。

小精灵布可这次没有使用金钥匙，而是带着小柚和西西继续向前走，来到了一所医馆。

一位老大夫正在药柜前整理药材。这时，走进来一个年轻人。

"大夫，我最近在调养身体，想问问您，吃什么水果对身体最有益啊？"年轻人问道。

老大夫想了想，说："每种水果对人的身体都有益处，但吃多了也会带来害处。比如说吃梨子对牙齿有好处，但吃多了就会损伤脾胃。"

年轻人听了,摇头晃脑地说:"我有个好办法。吃梨子的时候,只在嘴里嚼,不咽下去,这样既能保护牙齿,又不会损伤脾胃。"

"原来还可以这样吃梨啊!"小柚说,"我学到了!"

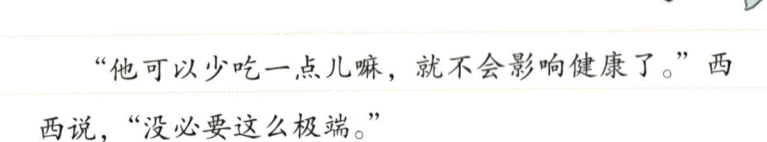

"他可以少吃一点儿嘛,就不会影响健康了。"西西说,"没必要这么极端。"

这时,老大夫笑着捋了捋胡子,对年轻人说:"那你觉得枣子应该怎么吃呢?枣子对脾胃有滋补作用,但吃多了对牙齿不利。"

年轻人想了想,说:"吃枣子的时候,不用牙齿咬,整个吞下去不就行了?这样既能滋补脾胃,又不会损伤牙齿。"

老大夫听了,忍不住笑道:"你那样囫囵吞枣,也没法品尝到枣的滋味啊！"

这下小柚也有点儿疑惑了。

"整个吞下去虽然不伤牙齿，但是很容易噎到啊，"小柚说，"上次我不小心吞了一颗葡萄就被噎到了。"

"想要吃枣子不伤牙齿很简单啊，比如……"西西想了想，说，"可以泡红枣茶喝。解决问题的方法有很多，多动动脑筋嘛！"

"西西说得对，解决一个问题的方法有很多，如果只看到两个选项，而忽视其他选项，就会陷入极端。"小精灵布可说。

上面的故事中，老医生说吃梨子对牙齿有好处，但吃多了会损伤脾胃；吃枣子对脾胃有滋补作用，但吃多了对牙齿不利。年轻人就想了个办法：吃梨子的时候，只在嘴里嚼，不咽下去；吃枣子的时候，不用牙齿咬，整个吞下去。他认为这样就既不伤牙齿，也不伤脾胃了。

从逻辑的角度来说，这就是一种非黑即白的思维方式，即对一个人或一件事的看法，只存在"黑"和"白"两种可能性。

比如，认为一个人不是好人，那么肯定就是坏人，不存在任何其他可能性。非黑即白的思维方式是一种非常简单粗暴的二分法思维方式。

这种思维方式本身并没有什么问题，而且很早以前就已经存在了。试想一下，如果你生活在史前时代的非洲大草原上，每天都要面对各种足以威胁你生命安全的野兽，那么拥有这种非黑即白的思维方式，可以说非常重要。比如，当你遇上狮子的时候，你是选择逃走还是留下抵抗？如果在这种危急时刻，你都不能立即做出选择，还在那儿苦苦思索是否有其他选择，那么，你很有可能就会变成狮子的美餐。所以，非黑即白的思维方式，曾经也是我们人类生存的必备技能之一。

可是在当今社会，我们需要面对的问题变得越来越复杂，如果依然使用原始人那种非黑即白的思维方式，问题不但无法解决，甚至还可能会变得越来越棘手。

提起人的性格，大部分人都会想到内向和外向这两种类别。这种把性格分为内向和外向的分类法，由来已久。但有意思的是，最新研究显示，十个人里面，大约只有三个人会是极为内向或者极为外向的性格，而剩下的大多数人，都是处在中间状态，有时内向，有时又会变成外向。

以我为例，大部分时候，我比较内向，喜欢独处、思考。对我来说，与其参加有一大群陌生人的聚会，倒不如与两三个知心好友在一起。同时，我其实也有外向的一面。我曾在斯坦福大学的讲台前，对着来自世界各国的同学和老师们侃侃而谈，也曾在很多地方发表过许多次大大小小的演讲。也就是说，内向和外向并不矛盾。在不同的情境下，你很有可能会像我那样，表现出完全不同的性格特质。因此，与其一直纠结于自己到底是外向还是内向，倒不如花点儿时间去想想，你是否在对的情境里，展示出了比较有优势的那一面呢？你是否能够在应该内向的时候内向，应该外向的时候外向呢?

总结

非黑即白这种思维方式本身并没有错,但如果你总是习惯性地用非黑即白的眼光去看人或者看事,就很容易忽略其他可能性,进而产生非黑即白的谬误。比如,最为常见的一种就是只将人分成聪明和愚蠢两种类型,又或者是给别人简单地贴上好人或者坏人的标签。但现实生活可不是如此简单。因此,下一次当你认为只有两个选项时,务必提醒自己,在黑与白之间还有一整个光谱任你选择。就像故事里的小柚所说的那样,不能忽略其他选项哦。

有一则古老的拉丁语谚语,叫"一处错,全盘错"。它原本产生于古罗马的法庭上,意思是说,如果一个证人其中有一项证词有错的话,那么他的其他证词也会被视为有错。你觉得,这样的说法是否有道理呢?在你的生活中,你还遇到过哪些非黑即白的错误说法呢?欢迎分享你的答案。

意思不同，推理有差

歧义谬误

上一讲带大家了解了非黑即白的谬误，这一讲介绍一种跟我们日常使用的语言有关的谬误。

"准备好了吗？我们要出发了。"小精灵布可问道。

小柚和西西点了点头。布可拿起金钥匙，在空中画出熟悉的神秘符号，三个人瞬间穿越到了小亚细亚中西部一个古老的王国。这里满地断壁残垣，破败不堪，让小柚和西西震惊不已。

"这是什么地方啊？看起来已经毁灭了，"小柚说，"我们是来晚了吗？"

"这里曾经是一个发达的王国，叫吕底亚。"小精灵布可说。

"那现在怎么变成这样了?"西西问。

"我带你们去见一个人。"小精灵布可说,"他会告诉你们答案。"

他们在一间塌了一半的房子前找到了一位头发花白的老人。老人名叫桑达尼斯,他坐在门前的石头上,给小柚和西西讲了一个故事:

吕底亚曾经是一个经济实力很强的王国,人民生活富足,但是他们的国王克洛伊索斯野心很大,一直想攻打邻国波斯。为此,他特意派出使者到希腊的特尔斐阿波罗神殿去请求神谕。神殿的大祭司给出了一个预言:如果克洛伊索斯进攻波斯人,便可以灭掉一个国家。

克洛伊索斯得到启示后,高兴得不得了,想立刻出兵攻打波斯。智者桑达尼斯对克洛伊索斯说:"波斯那么穷困,您从他们那里能得到什么呢?如果打败了,您会损失很多。"

克洛伊索斯对此置之不理。他坚信预言所说,不顾一切地去攻打波斯。波斯的居鲁士大帝带领人民奋起反抗,结果克洛伊索斯大败,吕底亚王国就这样被波斯给灭了。

后来,克洛伊索斯获得了一次去德尔菲阿波罗神殿的机会。

到了神殿,他问道:"为什么预言不灵?"

神殿的祭司回答道:"预言说会灭亡一个国家,你的国家不是灭亡了吗?"

"预言根本就不准!"小柚气愤地说,"要不然,吕底亚就不会灭亡了。"

"不是预言的问题,是克洛伊索斯自己的理解问题。"西西说,"预言并没有说灭亡的是哪个国家啊。"

"那就是预言根本没有说清楚,还是预言的问题。"小柚争辩道。

"这个预言的表达产生了两种意思,便出现了歧义。"小精灵布可说,"但是克洛伊索斯在理解的过程中没有发现这个问题,只选择了自己愿意相信的,他也有很大的责任。"

故事看完了,现在轮到你来想一想了:为什么吕底亚会灭亡呢?

预言说:如果克洛伊索斯进攻波斯人,便可以灭掉一个国家。

这句话可以理解为,只要克洛伊索斯进攻波斯人,便可以灭掉波斯国,但也可以理解为,只要克洛伊索斯进攻波斯人,他的国家吕底亚便会灭亡。预言并没有说灭亡的是哪个国家。

像这样，当某个词、某句话因为具有不同的意思而令人误解时，我们就认为这是歧义谬误。

假设你是一个猎人，正在森林里散步，面前突然蹿出一只小松鼠，它迅速地跑到你面前的一棵大树上。你急忙举起猎枪，但发现那只松鼠已经跑到了树干的背面。你为了能看到这只松鼠，就顺时针绕着树移动。而那只松鼠感觉到了你在追赶它，也相应地依顺时针方向移动，因此你仍然没法儿举枪向它射击。你继续依顺时针方向移动，那只聪明的松鼠也继续这样移动，最终你们俩都环绕着大树走了一圈。那么，你究竟有没有绕着这只小松鼠走一圈呢？

如果以那棵大树为参照点，你绕着大树走了一圈，而松鼠就在树上，所以你肯定是绕着松鼠走了一圈。但换个角度想,假如你真的绕着那只松鼠走了一圈,就应该在这个过程中看见过松鼠身体的各个部位。可是,自始至终你也没有获得过任何开枪的机会。也就是说,你并没有绕着松鼠走一圈。

看到这儿,你有没有发现一个奇怪的地方?为什么两次推理,得到的结论竟然截然相反呢?

其实,矛盾的焦点就在问题当中所使用的"走一圈"这个词。如果把"走一圈"理解为松鼠不动,那么答案就是肯定的。但如果把"走一圈"理解为要看到松鼠身体的各个部位,那么答案就是否定的。换句话说,如果不确定问题中这个"走一圈"的意义,那么这个问题永远都是无解的。

问题无解倒是小事,但如果因歧义而导致误解,那可就让人头疼了,来看下面的故事。

古时候有个富翁,他家左边住着一个铜匠,右边住着一个铁匠。可想而知,这个富翁家里整天都能听到"叮叮当当"的声音,吵得他觉也睡不好。于是,富翁就特地邀请那个铜匠和那个铁匠来他家吃饭，给他们准备了一桌上好的酒席，请他们搬家。铜匠和铁匠很好说话，都答应了富翁的请求。然而，等铜匠和铁匠都搬了家以后，富翁发现隔壁还是整天"叮叮当当"响个不停。富翁出门一看，原来，铜匠和铁匠是搬家了，但只是左边的铜匠搬到了右边，而右边的铁匠搬到了左边而已。

为什么会出现这样可笑的结果呢？原来是双方对于"搬家"这个词的理解不同。富翁所说的搬家，指的是搬到一定距离之外，但铜匠、铁匠两人却认为，所谓的搬家就是改变一下住处而已。

虽然这个故事可以当作一个笑话来看，但如果在生活中真的因为歧义而导致你和他人沟通不畅，那可就糟糕了。那么，我们该怎么办才能避免这种谬误呢？方法并不复杂。当因为歧义而出现误解的时候，先不要着急上火，要冷静、仔细地审查一遍双方说过的话里面是否有可能会产生歧义的表达。如果有，先把这些表达的意思确定清楚，再继续沟通也不迟。

总结

歧义谬误来源于对词语意思的不同理解。它也是日常生活中出现沟通障碍最为常见的原因之一。

需要注意的是，歧义本身并不是问题所在，问题的关键在于歧义出现时，你没有及时注意到，或者是想当然地做出了错误的选择。因此，要想避免歧义谬误，首先要学会在沟通的时候做到表达准确清晰；其次，当别人的表达有歧义时一定要先确定其含义。意识到这一点，并加以练习，你就可以在一定程度上减少误解的产生。

假设你的朋友对你说："昨天小黄跟我说他考得不好，结果试卷发下来之后，我看到他竟然考了八十分。明明就没有考得不好，他真爱骗人！"你觉得这个朋友为什么会这样说呢？欢迎分享你的答案。

诉诸人身谬误

切勿对人不对事

上一讲的歧义谬误与我们日常使用的语言有关。这一讲要讲解的谬误，是一种常见的引起争吵的原因。

光芒闪过，小精灵布可收起金钥匙。小柚和西西来到了公元前206年的咸阳城，这里曾经是秦国的国都。此时咸阳城里一片大乱，百姓们背着包袱匆匆往城外逃亡。

"这里发生什么事了？"小柚问道。

"项羽带兵攻进了咸阳，杀死了投降的秦王子婴，"小精灵布可说，"还一把火烧了秦国的王宫。"

"真是个战乱的年代啊！"西西感叹道。

这时，不远处有一人一马吸引了他们的注意。那是一匹身体乌黑的骏马，四只蹄子却像雪一样白，马上坐着一位身披乌金甲的魁梧将军。

"那就是项羽吧！"小柚叫道，"真威风。"

一个姓韩的儒生正在劝说项羽："咸阳处在关中要地，土地肥沃，物产丰富，而且地势险要，您不如就在这里建都，这样有利于您完成霸业。"

项羽一看眼前的咸阳已被自己弄得残破不堪，哪里还像个都城的样子，就对韩生说："人要是富贵了，就应该回到故乡去，让父老乡亲知道你现在是什么样子。要是富贵了还不回故乡，就好像穿着漂亮的锦绣衣服在黑夜里行走，衣服再好也没人看得见，有什么用呢？所以我还是要回到江东去。"

韩生听了这话，便在嘴里嘟囔："难怪人家都说，楚人就像猕猴一样，学人戴帽子，戴不久就摘掉了，真是一点儿也不错！"

项羽听了非常生气,立即命人把韩生抓起来杀死了。

"韩生的建议也没错啊!"小柚说,"咸阳确实是战略要地。"

"他的建议确实没有错,"西西说,"但项羽也有权坚持自己的判断。"

"可是,韩生只是劝说项羽一下,项羽也没必要把他杀掉吧!"小柚说。

"那是劝说吗?那明明是骂人,"西西说,"他骂项羽像猕猴一样蠢。"

"韩生本可以继续说服项羽的,但他却开始对项羽进行人身攻击,他认为攻击了项羽就

等于否定了项羽的言论。"小精灵布可说,"他这种思维方式不仅错得离谱,而且在当时的背景下,完全就是送死。"

在上面的故事中,为什么项羽忽然很生气,杀死了韩生呢?因为韩生讽刺项羽"就像猕猴一样,学人戴帽子,戴不久就摘掉了"。这是成语"沐猴而冠"的出处,这个成语的意思是表面上扮成个人,实际上并不像。韩生的做法就是"对人不对事"了,通过对项羽进行人身攻击来攻击他的观点,从逻辑的角度来看,韩生其实是犯了诉诸人身的谬误。

这种谬误顾名思义,指的就是把某个观点与提出这个观点的人混为一谈。

比如,当你赞同或反对一个人的观点时,不是根据他提出的这个观点有没有道理,而仅仅是因为你喜欢或讨厌这个人而已。

就拿在三国这一历史时期所发生的一件事为例。说到三国，就不得不提官渡之战。打仗的双方分别是袁绍和曹操。虽然最后是曹操取得了胜利，但最初比较强的一方其实是袁绍。有意思的是，袁绍虽然比较强，但他手下一个叫作许攸的谋士，却投靠了当时比较弱的曹操，并给了曹操火烧袁绍粮仓的建议。要知道，正所谓"三军未动，粮草先行"，在古代，粮食短缺对于军队可是致命的，因此，当袁绍的粮仓被烧之后，他的军队再强大又能支撑多久呢？那么，许攸当初为何会去投奔曹操呢？

根据史书记载，许攸本来是去给袁绍献计，建议袁绍趁着曹操大军出动，后方空虚，去偷袭他的大本营许都。但没想到，此时有人给袁绍送来一封书信，说许攸不仅本人贪污受贿，连他的侄子也因为侵吞公款而被当地官员逮了起来。袁绍见信大怒，把许攸骂了一顿，撵出门去，不准他再多嘴多舌，对他的建议也不予采纳。袁绍正是犯了诉诸人身的谬误，因为认为许攸人品不好，所以就断然否定了他的建议，导

致许攸最后转去投奔曹操。

不过，有的时候对一个人进行人身攻击，并不完全等同于犯了诉诸人身的谬误。比如，当你嘲笑一个人，说他瘦得很，像只猴子一样，这就是纯粹的人身攻击。但如果你说，因为他瘦得很，像只猴子一样，所以他说的话一定不可信，这就犯了诉诸人身的谬误。

你可以喜欢或者不喜欢某个人，但是当你与这个人辩论的时候，提这些就不合适了。就算是世界上最邪恶、最愚蠢之人，也有可能提出完全正确的观点。一个观点也不会因为是从好人嘴里说出来的，就拥有了天然的正确性。更何况，我们也不能简单地把一个人定性为好人或坏人，否则就会犯非黑即白的谬误。因此，当你和别人就某一个观点进行辩论的时候，一定要学会将个人的恩怨放在一边不予理会。

诉诸人身的谬误其实还有很多不同的形式。例如，当爸爸妈妈要你早点儿睡觉的时候，你是不是曾以"你要我早睡，你不是也经常晚睡吗"这样的理由来反驳他们呢？

这样的反驳看似振振有词，但仔细想一想，你睡不睡觉跟别人是否睡觉又有什么关系呢？判断一个观点是否成立，与是谁提出来的根本没有关系，关键只在于支持这一观点的论据是否充分，是否站得住脚。这才是评估一切观点的唯一标准。

总结

这一讲介绍的谬误通常的表现形式为：攻击对手，而不是攻击对手的观点；因为喜欢一个人进而赞同这个人的观点。虽然这可以说是我们的一种本能，但如果你可以抵抗住这种本能，养成就事论事的好习惯，那么你不仅可以使自己变成一个更有逻辑的人，还可以在很大程度上提升沟通素养和人格修养。

当你遇到人身攻击的时候，你会怎样处理这种情况呢？欢迎分享你的答案。

不是所有相似的东西都能放在一起比

> 不当类比谬误

这一讲要介绍的谬误，与一种常见的修辞手法有关。老规矩，先读下面的故事吧。

这一次，小精灵布可用金钥匙把小柚和西西带到了汉武帝时期的长安城。2000多年前的长安城一派繁华景象，街道上车水马龙，两旁商户林立，各种新奇有趣的东西让小柚和西西眼花缭乱。在小精灵布可的指引下，他们一直走到了皇宫。

"我们到这儿来干什么？"小柚说，"我还有点儿没看够呢。"

"嘘——"西西示意小柚安静。

一群散朝的文武大臣陆续从议事大殿里走出来。过了一会儿,汉武帝也慢慢踱着步,沿着小径走过来。

这时,后面忽然疾步走来一位老臣,对汉武帝说:"陛下,我有句话想对您说。"

汉武帝回过身说道:"汲黯,你有什么事,不妨说来听听。"

汲黯说:"陛下,您见过农人堆柴草吗?他们总是把先搬来的柴草铺在底层,后搬来的反而放在上面,您不觉得那些先搬来的柴草太委屈了吗?"

汉武帝有些不解地看着汲黯说:"你说这些是什么意思呢?"

汲黯说:"您看,公孙弘、张汤那些人,论资历都在我之后,可如今他们一个个的官职都比我高,陛下您提拔官吏不正和那堆柴草的农人一样吗?"

汉武帝很不高兴,什么也没说,便拂袖而去。

"这个汲黯也没说错什么吧?汉武帝干吗那么生气?"小柚说。

"他说农人堆柴草,先搬来的柴草在下面,后搬来的在上面,所以先搬来的就很委屈。"西西说,"这是什么奇怪的类比!"

"如果把柴草拟人化,先来的柴草却被压在下面,当然会委屈啊。"小柚解释说。

"就算是把柴草拟人化,也不能把堆柴草和任命官员做比较,"西西说,"任命官员怎么能以先来后到为标准呢?"

"西西说得很对,堆柴草和任命官员从本质上讲并没有可比性,汲黯这样类比就不恰当了。"小精灵布可说,"汉武帝此后对汲黯更是置之不理,他的官职也只好原地踏步了。"

"那他太惨了。"小柚感叹道。

汲黯用农民堆柴草来打比方,表示自己像先搬来却被铺在下层的柴草一般委屈,而公孙弘、张汤等资历不如自己的人,却比自己官职高,就像那些后搬来的柴草。但显然这种说法没能打动汉武帝。皇帝提拔一个官员,有很多原因,比如这个人能力很强、工作很努力等,并不是像堆柴草一样讲究先来后到。汲黯所犯的这个错,有一个专业称呼,叫作不当类比。

说到类比,这其实是一种极为常见的修辞方式,同时也是一种极为有效的说服术。当你跟别人讲道理的时候,如果可以用上"这件事情就像某某事情"这样一种手法，那么，原本一个比较抽象的概念或者道理，就会变得更加通俗易懂。

比如，在北美大陆上曾经出现过一个著名的印第安人首领，名叫特库姆塞。与很多愚昧无知、只懂得逞匹夫之勇的印第安首领不同的是，特库姆塞具有长远的战略眼光。他不仅利用当时英国和美国之间的矛盾，取得了英国的支持，而且还想组建一个全美印第安人联盟，来加强印第安人的团结。可问题是，要怎么才能说服向来习惯单兵作战的其他印第安部落联合起来呢？如果你是特库姆塞，你会怎么说呢？

特库姆塞使用的方法正是打比方，他将印第安人的一个个部落比作人的一根根头发。一根头发很容易被扯断，但是几缕头发编在一起，是不是就很难被扯断了呢？所以，印第安人要想抵抗白人，就应该联合起来组成一个联盟。怎么样，是不是很有说服力？

不过，类比虽然威力强大，但也不能滥用。

如果你只是一味地强调两种事物之间的相似性，而忽略它们的不同，那么，这种情况下的类比，不但会让你远离真相，而且还很有可能会导致你得出错误的结论。

法国人在第二次世界大战中就吃过这个亏。

刚刚经历过第一次世界大战的法国人曾经相信，既然壕沟帮助他们在"一战"中抵挡住了德军的攻势，那么"二战"当中，只要使用同样的战略，不就可以再一次终结德军企图速战速决的妄想吗？

于是，法国政府就在"二战"初期，耗费巨资在法国和德国的交界线上修筑了那条著名的马其诺防线。但讽刺的是，这条防线并没有发挥出它应该具有的功能。1940年5月，德军采用了新的打法，选择从比利时绕过马其诺防线，最终还是轻而易举地占领了法国。

为什么在"一战"中曾经有效阻挡德军攻势的壕沟，却在"二战"期间沦为无用的摆设呢？

深入地分析一下法国人的推理过程，就会发现，当时的法国人之所以仍然选择用挖壕沟的方式来对抗德军，是因为他们认为"二战"的局势应该和"一战"差不多。比如，这两次战争都是德国对战英法同盟,甚至德军也想在"二战"中采用类似"一战"的打法来快速占领欧洲。因此，法军得出了结论，壕沟在"二战"中也一定能起到作用，阻挡住德军的攻势。

但可惜，历史不会重演，至少不会完全相同。德军无论是武器还是打法，都在"二战"中发生了根本性的变化。因此，只是一味地将过去的经验套用到现在的法国人，当然会吃类比不当的大亏，最终尝到苦果。

从这个真实的历史案例当中我们可以发现，两个事物之间具有相似点，并不代表一定可以进行类比。如果不同的地方多于相似的地方，这样的类比便是不恰当的。

总结

虽然类比是一种强有力的说服工具，但如果相比较的两个事物看上去大同小异，实际上却是小同大异，就会犯下不当类比的逻辑谬误。所以，如果你发现别人正在尝试使用类比法来说服你，一定要多想一想，对方打的比方是否恰当，对方所谓的相关性的根据是什么，类比事物之间有没有什么关键性的不同。

你也许听过这样的说法：你看小王同学，和你在同一个班级学习，被同一个老师教，为什么人家就能考到年级第一名，你就做不到？你觉得这个类比恰当吗？欢迎分享你的答案。

滑坡谬误

一件事发生，
不一定会导致
一系列事情发生

上一讲介绍了不当类比的谬误。类比虽然可以让原本比较抽象的概念或者道理变得更加通俗易懂，但如果仅仅基于两个事物之间有某些相似性，就认为这两个事物可以进行类比，便容易犯下不当类比的谬误。因此，当别人试图用打比方的方式来说服你时，你一定要多加留心。

这一讲带你了解一种杀伤力极为强大的逻辑谬误，一起来读下面的故事吧。

金色的光芒闪过，小精灵布可收起金钥匙，小柚和西西发现他们来到了15世纪的英国。

"一下子去了这么多地方,我都有点儿累了。"小柚捶了捶腿,在路边一块石头上坐了下来。

"小柚,你听!"西西忽然说道。

少了一枚铁钉,掉了一只马掌!
掉了一只马掌,瘸了一匹战马!
瘸了一匹战马,败了一次战役!
败了一次战役,丢了一个国家!

清脆的童音传来,小柚和西西循声望过去,是几个小孩正在不远处唱童谣。

"他们在唱什么?"小柚问道。

"他们唱的是博斯沃思战役,"小精灵布可说,"我带你们去战场看一看。"

他们来到公元1485年的博斯沃思平原。在这里,理查三世和亨利·都铎正准备拼死一战,这场战役将决定他们谁来统治英国。

战斗开始前,理查三世让马夫去准备自己最喜爱的战马。

"快点儿给它钉上马掌,"马夫对铁匠说,"国王希望骑着它打头阵。"

"你得等一等,"铁匠回答道,"我前几天给全军的马都钉了掌,马掌用光了,现在我得先做几只马掌。"

"快点儿,"马夫不耐烦地说道,"我等不及了。"

铁匠把一根铁条敲成四块，把它们砸平、整形后固定在马蹄上，然后开始钉钉子。钉到第四只马掌时，铁匠发现缺了一枚钉子。他想再去找一枚钉子，但马夫不停地催促，他只好让马夫先把马牵走了。

　　就在这时，战斗开始了，理查三世骑上这匹少了一枚马蹄钉的战马，匆匆上了战场。战场上，他率领着士兵冲锋陷阵。突然，那只少了一枚钉子的马掌脱落了，战马跌倒在地，理查三世被重重地摔了下来。没等他再次抓住缰绳，那匹受惊的马就跳起来逃跑了。一见国王倒下，士兵们顿时自顾自地逃命去了，整支军队瞬间土崩瓦解。敌军趁机反击，并俘虏了理查三世。

　　"一匹马！"理查三世大喊道，"我的国家灭亡，就因为这一匹马！"

　　"唉，这一切都是因为少了一枚铁钉造成的。"小柚说，"细节真是太重要了。"

"细节是很重要，但怎么能把一场战役的失败归咎于一枚铁钉呢？"西西不赞同地说，"那太可笑了。"

"如果不是少了枚铁钉，马掌就不会掉，马就不会瘸，国王也不会从马上掉下来，战争也就不会失败，国家就不会灭亡啊！"小柚不服气地说。

"听起来很合理，但是瘸了一匹战马，不一定会导致一场战争失败，一场战争的胜败也不一定能决定一个国家的存亡。"西西说，"它们之间都没有必然的因果关系。"

"西西说得对，战争的失败、国家的灭亡，有很多复杂的原因。这一连串推论，都是把可能性当成了必然性，只会得到一个不合理的结论。"小精灵布可说。

在上面的故事里，为什么小柚会认为一切都是因为一枚铁钉呢？

我们看一下故事开头的童谣：

少了一枚铁钉，掉了一只马掌！
掉了一只马掌，瘸了一匹战马！
瘸了一匹战马，败了一次战役！
败了一次战役，丢了一个国家！

你有没有注意到，这首童谣的推理过程看似一环扣一环，但仔细揣摩之后就会发现，其中每一个环节的推理，其实并不是十分在理。

一件事发生，不一定会导致一系列事情发生。

从逻辑的角度来看，这首童谣就是犯了滑坡谬误。所谓滑坡谬误，指的就是在不提供任何支持证据的情况下，假设采取某种行动或者不采取某种行动而引发的一连串事件。

举一个非常典型的例子，假设你在一次期中考试中失了手没有考好，结果你的家人可能就会跟你唠叨：你看，才期中你就考这样了，你肯定没好好学。你如果不赶紧努力，就考不上好的中学；进不了好的中学，你就考不上好的大学；

考不上好的大学，你就找不到好的工作。再这样下去，怎么得了？像这样一种如果 A 发生了，就会发生 B，接着必然会发生 C，然后就轮到 D、E、F……直到最后产生结果 Z 的推理过程，就是滑坡谬误通常的表现形式。

这就很像把你放在一个光溜溜的滑坡的顶端，只要从后面轻轻推你一下，你就会一下子滑落到滑坡下那个不见底的深渊。可是，一次考试没考好，就意味着进入不了理想的中学吗？进不了理想的中学，就意味着考不上好的大学吗？可见，滑坡谬误错就错在它把推理过程中每一步的可能性，当成了必然性，认为结果必然如此。换句话说，滑坡谬误的主要问题，就出在推理过程不够严谨上面。

这样一分析，你可能会觉得，这种谬误听上去十分不合理，所以如果是自己遇到这样的谬误，应该会很容易辨别出来。但问题是，一旦使用这种谬误的人将它和人的恐惧之情联系在一起，这种谬误的威力就会大增。

回到刚才那个例子，你本来可能只是偶尔一次失手没考好，结果却连整个人生都赔了进去，哧溜一下就输掉了整个人生。要知道,恐惧可是我们人类最为原始的情感之一,因此,即将发生的一连串事件越恐怖,这种谬误的影响力和说服力就会越大。

当然,滑坡谬误毕竟只是一只纸老虎,我们还是有方法将其打倒的。当你在跟别人辩论的时候,一定要将辩论的焦点始终集中在关键话题上。要知道,滑坡谬误的本质,就在于转移讨论的焦点,将原本一个说不上好也说不上不好的事情推下坡,把它的某个可能导致的结果,跟另外一些明显就不对甚至会让人产生恐惧之情的事情绑在一起。所以越是这种时候,越要保持冷静,回到最开始想要讨论的那个话题上,不要被带偏了。

另外,我们在推理的过程中,也要记得多问几句"为什么……"和"万一……会怎样",试着多找一些例外情况。如果推理过程不是每一步都立得住脚,那么最终得到的结论虽然看起来很可怕,但也只是千万种可能性中的一种罢了。

总结

　　滑坡谬误是一种通过不合理地使用一连串的所谓因果关系，将可能性转化为必然性，从而得到一个不合理的结论的推理模式。为了避免滑入深渊，你在听到类似的推理时，一定要记得多问问：作为推理起始点的事件 A 真的存在吗？事件 A 的存在一定会导致事件 B 的出现吗？结果 Z 一定是坏的结果吗？还有哪些其他措施，也可以防止结果 Z 的发生呢？

　　假设有一次你因为丢了钱包，想找同学借十元钱，结果你的同学却说："如果我把钱借给你了，你明天是不是又会跟我借一百元，接下来就借一千元、一万元，我岂不是要破产了？"这种时候，你该怎么回答才既显得有道理，又能让你的同学乐于将钱借给你呢？欢迎分享你的答案。

稻草人谬误

不要转移焦点

上一讲带大家了解了滑坡谬误的概念，这一讲我们来学习另外一种同样也具有转移焦点、扰乱人心作用的逻辑谬误。

小精灵布可举起金钥匙，在空中画出一个古老而神秘的符号，随着夺目的光芒闪过，小柚和西西落在了春秋时期楚国的王宫里。

楚王对左右的人说："齐国大夫晏子是齐国最善于言辞的人，如今他出使我楚国，我想羞辱他，有什么办法呢？"

左右的人想了想，回答道："我们可以绑着一个犯人，从大王您面前走过。大王问：'这是哪个国家的人？'我们回答：'是齐国人。'大王再问：'他犯了什么罪？'我们就回答：'犯了偷窃罪。'"

"他们好卑鄙啊!"小柚气愤地说。

"是啊,这样不仅羞辱了晏子,还羞辱了齐国。"西西也愤愤不平地说。

"别急,我们去看看晏子有什么办法。"小精灵布可说。

王宫的大殿里,晏子已经到了,楚王正在设宴款待。大家喝酒喝得正高兴的时候,两个侍卫绑着一个犯人走到了楚王面前。

楚王问:"怎么回事?犯人是哪个国家的?"

侍卫回答道："禀告大王，他是齐国人，犯了偷窃罪。"

楚王瞟了晏子一眼，嘲弄地说道："哦？齐国人本来就擅偷窃吗？"

晏子从座位上站起来，回答道："我听说橘子树生长在淮河以南就结橘子，生长在淮河以北就结枳，虽然叶子的形状相像，但果实的味道是不同的。原因是什么呢？是水土不同。老百姓生活在齐国不偷窃，到了楚国就偷窃，莫非是楚国的水土使得老百姓善于偷窃吗？"

楚王尴尬地笑着说："果然不能同晏子开玩笑，我真是自讨没趣。"

"晏子可真是能言善辩，让楚王自讨没趣。"小柚笑着说。

"是呀，晏子遇事不乱，思维敏捷，"西西夸赞道，

"真是一位出色的外交家。"

"但是……"小柚摸了摸后脑勺,不好意思地说,"我其实没明白他说的是什么。"

"哈哈!你呀!"西西忍不住笑起来,"楚王污蔑齐国人擅偷窃,晏子就说是楚国水土不好,才让人偷窃的。"

"晏子歪曲楚王的观点,并以此攻击了他。"小精灵布可说,"好了,很高兴这次时空旅行你们收获这么多,现在我们该回到现实生活了。"

随着金色的光芒消失,小柚和西西重新回到了图书馆。

"我真是有些舍不得结束呢!"小柚说,"谢谢你,布可,我永远不会忘记这次难忘的旅行。"

"我也是,谢谢你让我感受到这世界的广阔和历史的浩瀚。"西西真诚地说。

"学海无涯，时空广袤，我只是为你们打开了一扇窗，未来要靠你们自己努力。"小精灵布可说，"再见了，我的朋友们！"

"再见！"

楚王设局羞辱晏子，说齐国人善于盗窃。晏子便以橘为例，说明是楚国的水土不好，否则齐国百姓怎么在齐国时不偷窃，偏偏在楚国偷窃呢？晏子歪曲了楚王的观点，就像立了一个和楚王相似的稻草人一般，然后用攻击稻草人的方式攻击楚王。从逻辑的角度来看，晏子其实是利用了稻草人谬误。

古人种田，可不像今天有那么多的高科技工具可用，为了保护自己辛苦种的庄稼不被飞禽走兽破坏，古人就用稻草扎一个假人出来，再给它穿上人类的衣服，放在田里。飞禽走兽以为有人在田里看守，就不敢来破坏庄稼了。这就是稻草人的作用。

但问题是，这个稻草人做得再逼真，都不是一个真实的人。所以，稻草人谬误指的就是，歪曲他人的观点，并以此为基础去攻击他人。

以历史上真实发生过的一场辩论为例来说明。

这场辩论发生在 1860 年 6 月末的英国牛津大学刚刚建造完成的自然史博物馆里。就在前一年年底，达尔文发表了《物种起源》一书，正式提出了进化论的思想。这本著作一经发表，立刻引起了轩然大波，不仅震动了整个英国学术界，而且还引起了英国教会的猛烈攻击。教会认为达尔文不可理喻，是亵渎神灵、离经叛道的极端分子。

于是，英国教会就委派牛津主教塞缪尔·威尔伯福斯在 1860 年 6 月 30 日参加科学促进协会在自然史博物馆里举办的年会。在年会上，威尔伯福斯主教与支持进化论的博物学家托马斯·赫胥黎展开了一场辩论。在辩论的最后，威尔伯福斯主教质问赫胥黎：既然你说人类起源于猴子，那么请问，到底是你的祖父还是祖母是从猴子变来的呢？

看到这儿，相信你应该已经发现，这位大主教其实已经犯了稻草人谬误。达尔文的进化论并没有说人类起源于猴子。达尔文只是认为，早期人类和猴子存在某种亲缘关系而已。也就是说，威尔伯福斯主教将赫胥黎的祖父、祖母比作猴子，正是试图通过歪曲达尔文的观点来反驳对方。

如果你是赫胥黎，你会如何反驳这位自认为机智无双的威尔伯福斯主教呢？

事实上，威尔伯福斯主教的反驳根本不堪一击。所以，在听到威尔伯福斯主教的质问之后，赫胥黎并没有慌张，他先是纠正了主教质问中所犯下的一些常识性错误，然后借力打力，针对主教的质疑，反驳道："人类没有理由因为他的祖先是类似猴子那样的动物而感到羞耻。令人感到羞耻的，倒是他的祖先是一个惯于信口开河、善于分散听众注意力并转移话题，将科学辩论引入宗教偏见的人。"赫胥黎的这番回敬，立刻就让那位主教大人哑口无言了。

通过这个案例，我们可以得出这样一个启示：当你对别人的某个说法感到难以理解或是生气时，你就要注意了，看看对方是否正在对你使用稻草人技巧，也就是通过歪曲你原本的观点，使你的观点和立场更容易被驳倒，就像树立了一个更容易被攻击的稻草人一样。越是这种时候，你越要保持冷静，不要被对方那些歪曲的、颠倒是非的语言和观点所影响，从而被带偏了说话的节奏和思路。要牢牢记住，稻草人即便再逼真，也不是真实的人。

总结

稻草人谬误是指在辩论时歪曲对方的观点或者论证，使其变得更容易被推翻。但问题是，被推翻的观点只是一个扭曲、变形后的观点，不是原本的观点。

要想最大限度地避免这种谬误，我们自己首先就应避免使用稻草人技巧，不通过歪曲、夸大以及其他的曲解方式来攻击他人，学会用事实和证据说话。

课程总结

到此为止，我们的藤校逻辑思考课就全部结束了。伴随着小柚和西西两人充满奇幻色彩的旅行，你已经了解了生活中常见的十种逻辑谬误。

当然，要想避免被这些谬误所影响，还需要更长时间的磨炼，在此提出两条建议。

建议一：当你发现自己犯错的时候，不要觉得这是一件很丢脸的事情

所谓的谬误大多都与人的本能有关，只要稍微不注意，就容易犯错。即便是经过多年有意识的训练的人，偶尔也会不小心制造出一两个谬误。所以，当你发现自己犯错了，或者被别人指出错误的时候，不要找借口搪塞过去，而要试着放下自己的心理戒备，仔细揣摩一下，自己犯了什么错，为什么会犯错。另外，你也可以通过写日记的方式来辅助

自己思考。

建议二：多读书，更多地学习和掌握不同学科的知识

提升思维能力固然很重要，但如果没有广博的学科知识作为基础，即便知道有哪些类型的谬误，可能也没法儿准确地将它们辨识出来。

以进化论为例，如果你缺乏相关生物学的知识，不知道达尔文的进化论到底讲的是什么，那么当你面对大主教的质问时，可能也不知道该如何回应和反击才好。

思维能力就如同一台电脑的硬件系统，而学科知识就如同电脑的软件程序。如果不升级系统，只是一味地安装程序，那么这台电脑不仅会运行得越来越慢，甚至还会经常死机。同样，如果光升级系统，不安装任何程序，这台电脑也还是没法儿发挥它应有的作用，真正帮助你解决问题的。